지금은 대만을
읽을 시간

**일러두기**

* 이 책에서는 고유명사의 경우 중국 표준어 발음에 따라 표기하는 것을 원칙으로 합니다.
* 대만, 취옥백채 등 중국 표준 발음보다 우리 한자 발음이 더 널리 알려진 경우에 한하여 우리나라 한자음으로 표기 합니다.
* 이 책에서는 신타이완달러(NTD) 1위안을 한화 44원으로 계산합니다.
  (2025년 4월 기준)

교사들이 제안하는 대만 바로알기

# 지금은 대만을 읽을 시간

도서출판 민규

저는 대만에 딱 두 번밖에 가보지 못했습니다. 한 번은 2004년 5월 초 타이베이에서 열린 대만미디어시티 관련 세미나 참석차, 또 한 번은 2014년 4월 말 한국기자협회 역대 회장들과 관광차 다녀왔습니다. 그 이후 여전히 저는 대만에 대해 알려 하지 않았고, 그러다 보니 아는 게 너무 부족합니다. 그렇기에 이 책이 나온 것이 얼마나 반가운지 모릅니다.

대만의 역사, 특히 현대사를 공부한다면, 이 조그만 나라가 미국과 절대강자를 자처하는 중국에 맞서 전혀 꿇리지 않는다는 사실을 알게 될 겁니다. 지금은 미국이나 일본, 중국, 유럽 등으로 유학을 떠나지만 불과 반세기 전만 해도 대만으로 떠나는 학생이 주류를 이루었다는 사실, 잊힌

이야기지요.

대만은 또 사회주의 중국과 적대적이면서도 우호관계를 이어가는 점을 보면 우리의 모습과 비슷해 동병상련을 느끼기도 합니다. 자, 바로 이런 바탕에서 〈지금은 대만을 읽을 시간〉을 애독하며, 대만에 대해 공부해 보면 어떨까요?

이 책은 현장 선생님 열세 분이 경험과 지혜를 모아 집필했습니다. 높이 칭찬하고 싶습니다. 이 책 마지막 페이지를 다 읽으신 몇몇 독자께서는 대만행 비행기표를 예약하실 거라고 저는 기대합니다.

저를 매혹시켰던 타이베이 고궁박물원의 옥배추에 앉은 메뚜기와 가오슝 해변에서 반짝이던 형형색색 돌멩이들에 대한 추억을 여러분과 공유하고 싶습니다.

— 이상기 〈아시아엔〉 발행인 아시아기자협회 창립회장

작가의 말

서울중국어교사회는 주한국타이베이대표부와 긴밀히 협력하여 그동안 총 6회에 걸쳐 대만의 유명 대학에서 매년 여름 2주간 개최한 연수에 참여해 왔습니다. 이를 계기로 현직 중국어 교사들이 서로의 경험과 지식, 지혜를 모아 대만을 공부하는 학생들과 대만으로 떠나는 여행자들에게 생생한 대만의 역사와 문화이야기를 들려주는 《지금은 대만을 읽을 시간》을 엮었습니다. 이 책을 통해 대만의 자연환경, 역사와 문화, 최근의 한류에 이르기까지 많은 궁금증이 해결되리라 생각합니다.

《지금은 중국을 읽을 시간》, 《지금은 일본을 읽을 시간》, 《지금은 베트남을 읽을 시간》에 이어 새로 나온 《지금은 대만을 읽을 시간》을 통해 같은 유교문화권, 그러나 서로 다른 문화의 차이를 이해할 수 있습니다. 대만은 지리적으로 우리나라와 아주 가까운 이웃이고, 사람들은 매우 친절하고 자상합니다. 그리고 치안이 가장 안전한 곳, 소확행을 누리는 사람들이 사는 곳, 열대 과일이 풍부한 곳, 한류의 발상지가 바로 대만입니다.

대만으로 떠나기 전《지금은 대만을 읽을 시간》을 꼭 읽으세요! 여행의 멋과 맛이 더욱 풍성해지고 달콤해 집니다.

2023년 2월

서울중국어교사회 일동

지금은 대만을 읽을 시간

01 첫사랑을 찾아 떠나자　14

02 두근두근 설레는 그 시절 그 영화　28

03 대만 젊은이들의 핫 플레이스　38

04 국립 고궁박물원에는 고궁이 없다?　50

05 새해맞이는 타이베이에서　58

06 대만에서 맞이하는 특별한 일출　65

07 아무리 걸어도 살이 찌는 여행지, 대만!　72

08 하루 세 끼는 너무 부족해!　83

09 대만차, 골라 마시는 재미가 있다    96

10 한류의 시작은 대만에서    105

11 대만에서도 중국어를 쓰나요?    112

12 이 영화를 보면 대만이 보인다    119

13 대만에서는 어떤 교통수단이 편리한가요?    128

14 대만에서 가장 많이 사용하는 앱은 무엇일까?    136

15 대만 MZ세대는 어떤 직업을 선호할까?    143

16 대만의 학교 이야기    153

지금은 대만을 읽을 시간

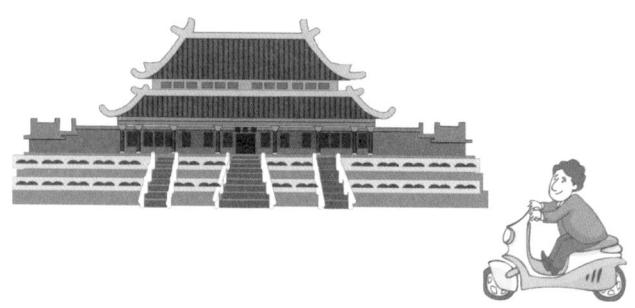

17 태풍이 오면 휴가를 발령한다 160

18 노는 게 제일 좋아, 대만인들은 언제 쉴까? 168

19 화폐에 숨겨진 대만 이야기 179

20 유통기한이 112년? 188

21 대만에도 원주민이 산다고? 194

22 대만 사람들은 어떤 신을 믿을까? 204

23 대만 사람들의 유별난 야구 사랑 213

24 소확행을 누리는 대만 사람들 221

25 서점에서 힐링하는 사람들 228

26 대만 사람들은 지진이 두렵지 않다　237

27 발암물질을 씹는 사람들　247

28 대만도 일본의 식민지였었다고?　255

29 대만의 1등 기업 'TSMC'　266

30 우리나라에는 왜 대만 대사관이 없을까?　274

31 대만은 왜 올림픽 때 국기와 국가를 사용하지 못할까?　282

32 장중정, 미스터 민주주의, 매운 맛 여동생　288

33 조선의 청년 조명하, 대만에서 대한독립을 외치다　300

지금은 대만을 읽을 시간

## 대만 미리보기

| | 대 만 | 비 고 |
|---|---|---|
| 면적 | 약 3만 6,000㎢ | 한반도의 약 1/6 |
| 인구 | 약 2,388만 8,600명 | 서울과 경기도 인구의 합과 비슷 |
| 수도 | 타이베이(臺北)<br>(약 248만 명) | |
| 언어 | 표준 중국어(공식어),<br>타이완어(대만 방언),<br>객가어(중국 남방지역 방언)<br>소수민족 언어 | |
| 민족 | 한족(漢族, 97%)<br>원주민(2%)<br>기타(1%) | |
| 기후 | 아열대 해양성 기후 | |
| 종교 | 불교, 기독교, 도교 등 | |
| 정부 형태 | 총통제 하의 오권분립 | 오권분립 :<br>입법원, 사법원,<br>행정원, 고시원,<br>감찰원 |
| 경제규모<br>(GDP) | 8,144억 달러(USD)<br>(1인당 GDP 33,234달러) | 2024년 10월 기준<br>동아시아 1위<br>(일본 2위, 대한민국 3위) |
| 통화 | 신타이완 달러(NTD) | |
| 협정세계시<br>(UTC) | UTC+8<br>협정세계시보다 8시간 이름 | 한국보다 1시간 늦음 |

## 대만의 위치 및 주요 도시

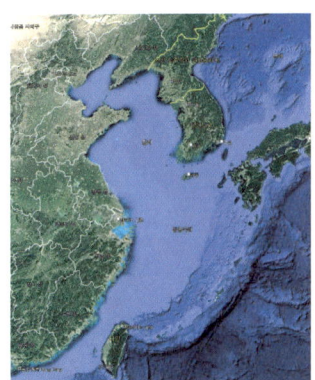

지금은 대만을 읽을 시간

## 첫사랑을
## 찾아 떠나자

영화와 드라마를 보다 보면 아름다운 배경에 반해서 '저곳은 어디일까?' 하는 호기심이 생긴다. 이 호기심을 따라 두근두근 설레는 첫사랑과 청춘을 만날 수 있는 곳으로 떠나보자.

영화를 보지 않고 방문해도 충분히 매력적인 명소이지만 인상 깊게 봤던 영화의 발자취를 따라서 여행을 떠나면 조금 더 낭만적인 여행이 될 것이다.

첫사랑을 찾아서 떠나 볼 첫 번째 장소는 〈말할 수 없는 비밀〉(2007)의 촬영지 단수이(淡水)이다.

이 영화는 주로 단수이에 위치한 단장고등학교와 인근 명소에서 촬영했다. 단수이는 타이베이 시내에서 MRT(전철)로 이동이 가능해 교통이 편리하며 접근성이 좋다.

영화의 첫 장면에서 칭이가 교정을 걸으며 막 전학 온 샹룬에게 전학을 온 이유를 묻자, 샹룬은 "교정이 예뻐서"라고 대답한다. 영화의 감독이자 주연 배우인 저우제룬(周杰倫)은 모교의 아름다운 모습을 간직하고 싶어서 영화의 촬영지로 모교를 선택했다고 한다.

단장고등학교의 팔각탑과 야자수 길

단장고등학교 교사

푸른 마당을 감싼 야자수 길을 따라 걸으면 건물 중심에 학교의 상징인 팔각탑이 있다. 1925년에 준공된 이 탑은 중국과 서양의 조화를 이룬 건축물로 긴 역사를 자랑한다. 그리고 교내에는 1,500명을 수용할 수 있는 예배당이 있는데 바로 이곳에서 〈말할 수 없는 비밀〉의 졸업식 장면을 촬영했다. 학교 곳곳을 걷다 보면 샤오위가 복도 사이로 갑자기 나타나서 반갑게 인사할 것만 같아 설렌다.

단장고등학교 바로 옆에 있는 전리(眞理)대학도 〈말할 수 없는 비밀〉의 촬영지다. 전리대학은 1882년에 설립된 대만 최초의 서양식 대학교로, 캠퍼스 풍경이 매우 아름답다. 그리고 반원형 아치가 아름다운 흰색 건축물 샤오바이궁(小

白宮)과 붉은 건축물 훙마오청(紅毛城)이 근처에 있어 함께 둘러보면 좋다.

해 질 녘에는 일몰 명소인 단수이의 위런(漁人)부두에서 아름다운 노을을 감상하며 인생 사진을 남길 수 있다. 페리를 타고 강 건너의 작은 마을 빠리(八里)에 다녀오는 것도 멋진 추억이 될 것이다.

다음은 핑시(平溪)선 기차를 타고 첫사랑의 발자취를 따라가 보자. 핑시선을 타면 영화 〈그 시절, 우리가 좋아했던 소

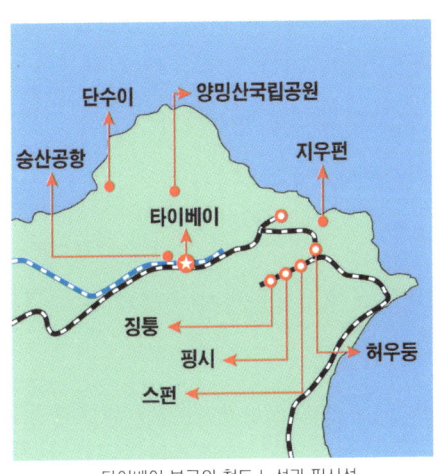

타이베이 부근의 철도 노선과 핑시선

알록달록한 핑시선 관광열차

녀〉(2011)에서 남녀 주인공이 풋풋한 첫 데이트를 즐기는 장면 속으로 들어갈 수 있다.

핑시선은 1921년 탄광에서 채굴한 석탄을 운송하기 위해 개통되었다. 1980년대에 잇따른 탄광 폐쇄와 인구 감소 등으로 운영 중단 위기에 몰렸다가 지역 주민들의 노력으로 현재는 관광 노선으로 거듭났다. 핑시선은 타이베이에서 기차로 한 시간 거리에 있는 루이팡(瑞芳)에서 시작해서 허우둥(侯硐), 스펀(十分), 핑시(平溪)를 지나 종점인 징퉁(菁桐)까지 이어진다.

정거장마다 각기 다른 매력을 가지기 때문에 핑시선은 대만에서 가장 아름다운 노선 중 하나로 꼽힌다.

허우둥 고양이 마을의 벽화와
졸고 있는 고양이

첫 번째 정거장은 수많은 길고양이가 주민들과 어울려 살아가는 고양이 마을, 허우둥이다. 허우둥 마을은 2013년 CNN이 선정한 세계 6대 고양이 명소 중 한 곳이다. 우리나라 다큐멘터리 영화 〈나는 고양이로소이다〉(2017)에도 등장한다. 사람을 피하지 않는 귀여운 고양이가 반기고 있으며, 아기자기한 고양이 캐릭터로 가득한 이곳은 고양이 애호가의 필수 코스다.

허우둥 다음으로는 핑시선의 중간 지점이자 가장 큰 역인 스펀이다. 옹기종기 모여 있는 가게에서 간식을 사 먹고, 예쁜 색깔의 천등(天燈)을 골라 소원을 적은 후 철로 한가

천등에 소원을 적어 하늘로 날리는 모습

운데에서 천등에 불을 붙여 날려 보자. 그러다가 기차가 멀리서 경적을 울리며 달려오면 상점 쪽으로 몸을 피해 기차가 코앞으로 지나가는, 신기한 장면을 지켜보는 낭만이 있는 역이다.

다음은 영화 속 주인공인 선쟈이와 커징텅이 다정하게 거니는 핑시 라오제(老街) 거리로 떠나보자. 선쟈이가 골목에 서서 뒤편으로 기차가 지나가는 타이밍에 맞춰서 사진을 찍어달라고 부탁하는 장면도 바로 이곳에서 촬영한 것이다. 그리고 핑시 라오제 근처의 핑시 스디(石底)교는 선쟈이와 커징텅이 천등 하나에 소원을 써서 하늘로 날려 보낸 곳이다.

영화 속 연인이 걷던 징퉁역 앞 기찻길

사랑을 고백하던 두 주인공의 풋풋함과 미소는 그곳에 없지만, 영화를 인상 깊게 본 팬에게는 평범한 돌다리가 아니라 영화를 추억할 수 있는 낭만적인 공간이다.

종점인 징퉁역의 역사는 1929년에 건설한 일본식 목조 건물이다. 고풍스럽고 오래된 이 역사는 추억과 향수를 불러일으키는 곳으로 많은 광고와 영화의 촬영지이기도 하다. 영화에서 션쟈이와 커징텅이 철로 위를 함께 걸으며 대화를 나누던 곳이 바로 이 징퉁역이다. 그들이 걸었던 철로 위를 걸으면 누구나 영화 속 주인공이 된 것 같은 느낌이 들 것이다. 일본에서 이 영화를 리메이크했을 때도 철길 데이트 장면만은 바로 이곳에서 촬영했다.

소원을 적은 대나무 통

징퉁만의 또 다른 매력은 대나무 통에 소원을 적어 걸어 놓을 수 있다는 것이다. 소원이 적힌 대나무 통들이 거리 곳곳 벽면에 걸려 있는 모습은 정말 장관이다. 눈을 감고 대나무 통이 바람에 흔들려 서로 부딪히는 청아한 소리를 듣고 있으면, 속세를 떠나 선계에 서 있다는 착각에 빠져든다. 세상 어느 악기의 연주보다 더 아름답다.

첫사랑 영화의 촬영지에 이어 다양한 작품의 선택을 받은 작은 산간마을 지우펀(九份)으로 떠나 보자. 지우펀은 가파른 비탈길을 따라 양옆으로 찻집이 빼곡하게 들어서 있고 언덕 아래로는 바다가 내려다보인다. 밤이 되면 홍등에 불이 켜지고 마을은 더욱 아름다워지는데 이 풍경을 직접 보려는 관광객들로 항상 붐빈다.

이 작은 마을은 1892년경 금광이 발견되면서 골드러시를 겪으며 화려하고 부유한 탄광촌으로 거듭났지만 더 이상 채굴할 금이 없어지자 1950년대 후반부터 쇠퇴의 길을 걷게 된다. 지우펀에 다시 활기를 불어넣은 것은 일제 치하에서 벗어난 직후의 대만을 그린 영화 〈비정성시(悲情城市)〉(1989)다. 영화의 주 배경이 바로 지우펀으로 한때 황금 수도였던 지우펀의 아름다움과 우울함을 그렸다. 이 영화를 통해 잊혀가던 탄광 도시인 지우펀은 관광지로 다시

홍등에 불이 켜진 지우펀 골목

아메이 차관

태어났다. 그리고 지우펀은 일본의 유명 애니메이션 〈센과 치히로의 행방불명〉의 모티브가 된 곳이라 알려지면서 더욱 유명해졌다.

그러나 미야자키 하야오 감독은 "애니메이션의 배경은 일본에 있는 온천에서 모티브를 얻었다. 지우펀과는 단지 풍경이 비슷해 보일 뿐이다."라고 인터뷰를 한 적이 있다. 하지만 실제 모티브가 된 것이 아닐지라도 지우펀의 모습이 〈센과 치히로의 행방불명〉에 등장하는 신비로운 풍경과 닮은 것은 사실이다.

저녁이 되면 거리를 수놓는 홍등과 센이 일하던 온천탕의 건물을 닮은 아메이 차관은 지우펀의 랜드마크다.

지우펀의 가파른 언덕길

2008년 방영한 우리나라 드라마 〈온 에어〉 역시 지우펀에서 촬영했다. 드라마에 담긴 비 오는 날의 운치 있는 풍경을 따라서 우리나라의 많은 여행객도 지우펀 관광에 합류했다.

마지막으로 뜨거운 날씨만큼 열정적인 청춘이 있는 대만의 최남단 컨딩(墾丁)으로 떠나 보자. 태평양을 담은 에메랄드빛 바다를 마주한 컨딩은 형춘반도에 있는 대만의 땅끝마을이다.

컨딩은 1년 내내 따뜻한 열대 기후 지역으로 많은 사람이

휴양지로 선택하는 곳이다. 스쿠버 다이빙, 스노클링, 서핑 등 해양 스포츠를 즐기기에도 제격이다. 우리나라에는 비교적 덜 알려졌지만 여러 영화와 드라마를 촬영할 만큼 인기 있는 곳이다.

청춘 드라마 〈컨딩 날씨 맑음〉(2007)은 컨딩을 주 배경으로 컨딩 토박이인 청춘 남녀의 사랑과 우정을 그렸다.

그리고 제45회 금마장 영화제에서 6관왕에 오른 〈하이자오 7번지〉(2008)는 헝춘 라오제와 컨딩 바닷가의 아름다운 풍경을 담았다.

영화 〈신천생일대〉(2012)에서는 컨딩 룽판공원(龍磐公園) 위 푸른 바다가 내려다보이는 곳에 남자 주인공의 집을

룽판공원의 침식지대

짓고 촬영했다. 룽판공원은 융기한 산호초가 만들어 낸 석회암 지대와 침식 작용으로 만들어진 독특한 모양의 절벽이 장관을 이룬다.

대만 출신 리안 감독이 세계적인 베스트셀러를 영화로 제작한 〈라이프 오브 파이〉(2012)에서 미어캣이 사는 식인섬으로 등장한 곳이 바로 컨딩이다. 또 마지막 장면에서 호랑이가 거니는 멕시코의 어느 해변으로 등장한 곳도 사실은 컨딩의 바이사완(白沙灣)이다. 바이사완은 물이 투명하며 모래가 곱고 부드러운 백사장으로 유명하다.

컨딩 투어 버스를 예약하면 컨딩의 관광 명소를 동선에 맞춰 편하게 둘러볼 수 있다. 자유롭게 관광하고 싶다면 해안도로에 있는 스쿠터 전용 도로를 따라 전동 스쿠터를 타고 달리는 것도 좋은 방법이다.

## 두근두근 설레는
## 그 시절 그 영화

'대만' 하면 가장 먼저 떠오르는 문화 콘텐츠 중 하나가 바로 로맨스 영화가 아닐까? 특히 고등학교를 배경으로 한 첫사랑 영화는 그 인기가 우리나라를 비롯해 아시아 전역을 흔들 정도다.

21세기에 들어선 후 우리나라에서 대중적인 인기를 끈 대만의 영화는 〈말할 수 없는 비밀〉(2007)이다. 이 영화는 대만 청춘 영화이자 음악 영화이다. 샹룬이 예술고등학교로 전학 온 첫날 음악실에 혼자 있던 샤오위와 우연히 마주친 후 첫눈에 반하면서 사랑 이야기가 시작된다. 샤오위가 샹룬을 만나기 위해서 음악실에서 교실까지 눈을 감고 108걸음을 세면서 걸어가는 장면이 명장면 중 하나인데 샤오

영화
〈말할 수 없는 비밀〉의
포스터

위를 연기한 배우 구이룬메이(桂綸鎂)는 청순하고 단아한 외모로 이 작품을 통해 우리나라에서도 큰 인기를 끌었다. 특히 샹룬이 '피아노 왕자'라고 불리는 학생과 피아노 연주 배틀을 하는 장면은 영상 플랫폼에서 조회 수 1,700만 뷰를 넘겼다. 이 영화를 안 본 사람은 있어도 '흑건을 백건으

로 바꿔서 연주하는' 피아노 배틀 장면을 한 번만 본 사람은 없을 것이다. 이 피아노 연주 장면은 놀랍게도 남자 주인공을 연기한 저우제룬이 직접 연주했을 뿐만 아니라, 다른 배우들의 피아노 연주 연기까지 지도했다고 한다.

저우제룬은 대만 인기 최고의 아이돌 겸 싱어송라이터이자 연기자로 이미 인정을 받고 있었는데, 이 영화를 통해 감독에도 도전했다. 그는 감독 첫 데뷔작에서 연기, 각본, 음악까지 맡아 다재다능함을 뽐냈으며, 〈말할 수 없는 비밀〉은 제44회 대만 금마장 영화제에서 '올해의 대만 영화상', '주제가상', '시각효과상'을 수상하며 대중성과 작품성을 모두 인정받았다.

〈말할 수 없는 비밀〉은 우리나라 개봉 당시 관객 17만 명을 동원하며 역대 국내 상영 대만 영화 최고 흥행을 기록했고 2016년까지 흥행 1위의 타이틀을 유지했다. 지금도 OTT 서비스에서 꾸준히 인기를 끌고 있으며, '대만 영화' 하면 1순위로 봐야 하는 영화로 꼽힌다.

다음으로 로맨스 영화의 계보를 잇는 작품은 〈청설〉(2009)이다. 타이베이에서 부모님이 운영하는 도시락 가게 일을 돕는 톈쿼는 수영장으로 도시락 배달을 갔다가 만난 양양에게 첫눈에 반한다. 양양은 청각 장애인 수영 선수인 언니를 지원하기 위해 시간을 쪼개가며 아르바이트를 한다. 양양은 데이트할 시간도 없이 바쁜데, 톈쿼가 양양이 일하는 곳에 찾아와 도시락을 챙겨주며 마음을 표현한다.

〈청설〉은 주인공들이 수어로 대화를 나누는 장면이 많다. 그래서 말소리 대신에 수어를 하며 양손이 서로 부딪히는 소리, 수영장의 물소리, 스쿠터 소리, 타이베이의 길거리 소리 등 주변 소리에 더 집중하게 되는 매력이 있다.

〈청설〉은 남녀의 순수한 사랑과 가족 간의 사랑을 그리면서도 꿈에 대한 메시지를 담고 있다. 또 감동적인 결말 덕분에 마음이 따뜻해지는 영화이다.

이 영화는 사실 '2009년 타이베이 하계 청각장애인올림픽'을 홍보하기 위해 제작되었다. 이 대회는 아시아에서 처음 열린 청각장애인올림픽이자 대만 땅에서 처음으로 성화를 점화한 국제 스포츠 대회라는 점에서 의미가 크다. 영화는 올림픽 개막에 맞춰 상영을 시작했고 높은 작품성 덕분에 호평을 받았다.

우리나라에 국민 첫사랑으로 '수지'가 있다면 대만에는 '천옌시(陳妍希)'가 있다. 천옌시는 〈청설〉에서 여주인공 양양의 언니 역할로 나왔는데 다음 작품에서 모든 남학생이 짝사랑하는 대상 '그 시절, 우리가 좋아했던 소녀' 역할을 맡았다.

영화 〈그 시절, 우리가 좋아했던 소녀〉(2011)는 지우빠다오(九把刀) 감독의 자전적인 이야기를 담았다. 철없는 장난꾸러기 남학생 커징텅은 수업 중에 장난을 치다가 선생

영화 〈그 시절 우리가 좋아했던 소녀〉의 포스터

님에게 혼난 후 모든 남학생의 첫사랑이었던 모범생 선쟈이의 앞자리에 앉게 된다. 하루는 선쟈이가 영어 교과서를 안 챙겨왔는데, 이것을 눈치챈 커징텅이 교과서를 빌려주고 자기가 대신 벌을 받게 된다. 이날 이후로 선쟈이가 커징텅의 공부를 도와주기 시작하며 둘의 사이가 가까워진다.

이 영화는 제48회 금마장 영화제에서 신인감독상, 여우주연상, 신인상 3개 부문에 후보로 올랐고, 커전둥(柯震東)이 신인상을 수상하며 스타가 되었다. 당시 대만 영화 사상 최단기간에 1억 위안(한화 약 43억 원) 이상의 수익을 올렸고, 5개월간 상영을 계속 이어나가며 최장기간 상영이라는 기록을 세웠다. 또 영화의 원작인 동명 소설이 판매량 1위에 오르기도 했다.

영화가 흥행한 데에는 후샤(胡夏)가 부른 영화의 OST〈그 시절〉도 한몫했다. 감독이 직접 작사한 이 노래는 듣기만 해도 영화 속 모든 장면이 아련하게 재생된다. 우리나라의 가수들도 중화권 콘서트에서 자주 부르는, 인기 있는 노래이니 꼭 들어보길 추천한다.

그 후 '소녀'의 첫사랑을 담은 이야기가 계보를 잇는다.〈나의 소녀시대〉(2015)는 1994년의 학창 시절을 추억한다. 배우 류더화(劉德華)와 결혼하는 것이 꿈인 평범한 소녀 린전신은 학교의 킹카를 짝사랑한다. 학교 퀸카를 짝사랑하는 학교 짱 쉬타이위와 가깝게 지내며 서로의 짝사랑을 응원하다가 둘의 마음은 자연스럽게 서로를 향하게 된다. 〈나의 소녀시대〉는 조금은 유치하지만 순수하고 풋풋했던 학창 시절을 아련하게 떠오르게 한다. 영화에 등장하는 홍콩 스타의 책받침, 직접 스티커를 붙이면서 꾸미는 아날로그 일기장, 롤러스케이트장, 카세트테이프 등은 우리나라와 비슷했던 90년대 감성과 추억을 소환한다. 그리고 화룡점정으로 90년대의 홍콩 4대 천왕이었던 배우 류더화가 영화 후반에 직접 카메오로 출연한다.

이렇게 '소년, 소녀'의 첫사랑 이야기를 담은 영화가 크게 흥행해서인지 뒤이어 우리나라에서 개봉한 영화 〈안녕, 나의 소녀〉(2017)는 원제에 '소녀'가 들어가지 않지만 수입하면서 제목에 '소녀'를 넣었다.

이어서 〈나의 소녀시대〉의 남주인공 왕다루가 4년 만에 돌아온 〈장난스런 키스〉(2019)는 학교에서 성적이 꼴등인

순수하고 귀여운 여고생 위안샹친이 등교 첫날 학교 1등이자 킹카인 장즈수와 사고로 키스를 하게 되면서 사랑에 빠지는 이야기다.

우리나라 OTT 서비스에서 제공되며 큰 인기를 얻은 대만 드라마는 〈상견니〉(2019)다. '네가 보고 싶어'라는 뜻의 이 드라마는 1998년 타이난과 2019년 타이베이를 배경으로 한 타임 슬립 로맨스이다. 여주인공이 우바이(伍佰)의 노래 'Last Dance'를 들으면 타임 슬립에 빠지는 설정 때문에 1996년에 발매된 이 노래가 드라마 방영 이후 역주

드라마 〈상견니〉의 포스터

행하기도 했다. 버스 안에서 귀에 이어폰을 꽂고 이 노래를 들으며 잠에 빠지면 타임 슬립이 되지 않을까 기대하며 드라마에 과몰입하는 사람들이 생겼고 우리나라에는 '상친자(상견니에 미친 자)'라는 신조어까지 생겼다.

〈상견니〉는 제55회 대만 금종상에서 여우주연상, 작품상, 극본상, 프로그램 혁신상으로 총 4관왕을 달성했다. 탄탄한 스토리와 연출, 배우들의 연기력, 감미로운 OST와 영상미로 그 작품성을 인정받았고, 12개국의 언어로 번역되어 100여 개의 국가에 수출되었다. 그리고 OTT 서비스에서도 10억 뷰가 넘는 조회 수를 기록하며 뜨거운 사랑을 받았다.

드라마의 인기에 힘입어 원작 배우들이 그대로 영화에 출연하는 리메이크 작품이 나왔고, 남자 주인공 쉬광한(許光漢)이 내한해 한국 팬들과 팬미팅을 진행하기도 했다.

2023년에는 〈상견니〉를 리메이크한 한국 드라마 〈너의 시간 속으로〉가 발표되었는데 이처럼 대만의 유명한 작품이 우리나라에서 리메이크되는 경우도 많다. 동갑내기 친구에서 연인으로 발전하는 남녀의 사랑 이야기를 그린 〈아가능

불회애니(我可能不會愛你)〉(2011)는 〈너를 사랑한 시간〉으로 2015년에 리메이크하여 방영되었다. 또한 앞서 소개한 영화 〈청설〉도 2024년에 동명의 영화로 리메이크되어 개봉하였고 높은 작품성과 완성도로 큰 호평을 받았다. 반대로 우리나라 영화 〈슬픔보다 더 슬픈 이야기〉는 대만에서 영화 〈모어 댄 블루〉(2018)와 드라마 〈모어 댄 블루: 더 시리즈〉(2021)로 리메이크되어 인기를 끌었다.

앞으로 우리나라와 대만과의 문화 콘텐츠 교류가 더욱 활발하게 이루어져 멋진 작품을 공유하면, 서로를 이해하는 데 큰 도움이 될 것이라 기대한다.

## 대만 젊은이들의 핫 플레이스

맛있는 음식을 먹고 차를 마시며 힐링하는 곳, 멋진 사진을 찍어 다른 사람들과 공유하는 SNS 속의 예쁜 카페들! 하나의 여가생활로 자리 잡은 이 카페 문화는 우리나라에만 있는 것일까?

여행을 계획할 때, 보통 여행지의 명소들이나 맛집을 중심으로 일정을 짠다. 정해진 짧은 기간의 여행에서 가장 효율적으로 대만을 느낄 수 있는 장소를 선정하다 보니 자연스럽게 기존의 흔하디 흔한 계획표를 들고 남들이 모두 가는 곳을 나도 가보는 것이 대부분이었을 것이다.

*지금 대만 여행을 계획하고 있다면?*
*진짜 현지인들이 알려주는 최신 정보를 알고 싶다면?*
*대만의 젊은 사람들은 어디에 가서 무엇을 하고, 무엇을 먹는지 체험해 보고 싶다면?*
*"칭껀워라이(請跟我來, 따라오세요)!"*

우리나라를 방문한 외국인들은 한 집 건너 하나씩 들어선 한국의 카페들을 보고 무척 놀라워한다. 대만을 방문해보면 대만 사람들의 커피 사랑도 우리나라만큼이나 대단하다는 걸 알 수 있는데, 대만 카페들의 특이한 점은 "나는 남들과 같은 것이 굉장히 싫어!"라고 말하는 것처럼 자신들만의 독특한 특색을 뽐내고 있다는 것이다. 작지만 자신의 개성을 한껏 자랑하는 대만의 카페들은 어떤 모습일까?
마시멜로로 만들어진 깜찍한 시바견 얼굴을 동동 띄운 커

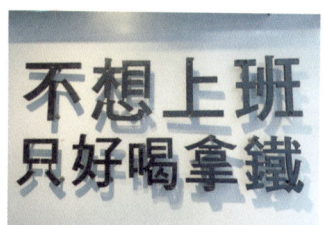

카페
〈不想上班, 只好喝拿鐵〉의
간판과
디저트 '팬케이크(文字鬆餠)'

피, 깨끗한 하늘색 바탕에 구름이 둥둥 떠다니는 것 같은 모양의 소다 음료수, '씨익'하고 가지런히 이빨을 드러내 보이며 웃고 있는 모양의 햄버거 등 각자의 개성을 잘 표현하고 있다.

하지만 그중에서도 '不想上班, 只好喝拿鐵(출근하기는 싫고, 라떼나 마시는 수밖에)'이라는 이름을 가진 사진 속의 카페는 그 이름에서부터 자신의 존재감을 강렬하게 드러낸다.

이 카페의 대표적인 메뉴는 '不想上班, 錢不夠用(출근은 하기 싫고, 돈은 부족하고)'이라는 문구가 새겨진 팬케이크이다. 요즘 말로 "아, 대박!"을 외칠 만큼 현대사회를 살아가는 많은 사람들의 마음을 대변하는 구절이 아닌가? 이 카페에 들어서는 순간 사람들이 삼삼오오 모여 팬케이크 사진을 찍으며 즐거워하는 모습을 보면 덩달아 기분이 좋아진다. 사람들의 마음을 꿰뚫는 공감 구절과 소소한 재미로

카페〈雨田先生〉의 말차 음료

레스토랑 〈Woosa〉의 음료수   버거집 〈Hello Burger〉의 햄버거

힐링을 선사하는, 매력적인 곳이 아닐 수 없다.

대만을 여행하다 보면 대만에 남아있는 일본의 흔적들을 강하게 느낄 수 있다. 일본의 영향을 받아 귀여운 캐릭터들을 만들어 활용하는 카페나 음식점들이 많은데, 그 위에 대만 사람들의 위트와 여유가 섞여 새로운 매력을 발산한다. 이외에도 전문적으로 커피 원두를 로스팅하는 카페들도 인상적이다. 그중에서 2016년 월드 바리스타 챔피언십에서 챔피언을 거머쥔 '버그 우(Berg Wu)'가 운영하는 'Simple Kaffa'나 2017년 월드 브루어스 챔피언십 챔피언인 '채드 왕(Chad Wang)'의 카페를 방문해 월드 챔피언의 커피를

한 잔 맛보는 것도 잊지 못할 경험이 될 것이다.

대만의 카페들은 창의적인 생각과 세련된 개성으로 카페 문화를 발전시켜 나가고 있다. 폭발적으로 성장해나가는 대만의 아기자기하고 개성 있는 다양한 카페 문화를 경험해 보는 것도 새로운 여행의 묘미가 아닐까?

과거 양조장 건물이었던 곳을 활용하여 조성한 '화산1914 문화창의산업원구(약칭 화산1914)'는 요즘 우리나라에서도 흔히 볼 수 있는 일종의 복합문화공간과 비슷하다.

이름에서 알 수 있듯이 이곳에서는 문화 창작의 발전을 목표로 대만 예술인들의 참신하고 창의적인 창작을 지원하기

건물들이 고풍스럽고 몽환적인 '화산1914'

위한 다양한 활동이 이루어진다. 또한 대만의 중심인 타이베이에서의 창작 활동을 다른 도시의 문화 창작과 연계함으로써 함께 발전해 나가도록 돕는 역할을 하고 있다. 이 공간에서 이뤄지는 활동으로는 전시, 강연, 공연, 역사 활동, 제품 홍보활동, 수공예품 상설 판매, 플리마켓 등이 있다.

전시 장소에서는 '힙(hip)'하다고 표현되는 대만 최신의 미술 전시, 문예 창작 전시, 공간 전시가 이루어지고 있다. 공연장에서는 연극, 발레, 콘서트 등의 공연이나 유명인과 학자들의 강연이 진행된다.

그 외에도 젊은 예술가들이 직접 솜씨를 뽐내 만든 창작품들을 상설 판매하고 있는데, 예술가들은 작품 전시를 통해 판매할 기회를 갖고, 고객들은 참신한 상품들을 구경하고 구매할 수 있으니 상부상조의 공간이 된다.

주말에는 대만 각지에서 온 사람들이 다양한 물건을 교환하는 플리마켓이 열린다. 수많은 셀럽과 사람들이 드나들며 타이베이의 최신 문화가 공유되는 가장 트렌디한 장소로 손꼽히는 곳이다.

아이들과 함께 또는 연인끼리 방문하면 좋은 공간으로는

〈Wooderful life〉의 오르골

'Wooderful Life'가 있다. 나무 오르골만을 전문으로 판매하는 이곳에 들어서는 순간, 숲에 들어선 것 같이 정겨운 나무 냄새가 가득하다. 흥미로운 것은 판매만 하는 것이 아니라 직접 만들어 볼 수 있도록 DIY 서비스를 제공하고 있다는 점이다. 오르골을 만드는 재료의 종류만 하더라도 몇백 가지에 이르고, 방문객들이 오르골을 만들 때, 도움을 주는 서포터들도 상주하고 있어 세상에 하나뿐인 자신만의 오르골을 만들 수 있다.

공간들을 하나하나 충분히 즐기고 난 후, 배가 고파지면 식당이나 디저트 카페로 자리를 옮겨보자. 이탈리아 음식점으로 수제 피자를 주메뉴로 하는 'Alleycats', 대만 전통 음식을 기반으로 유럽 음식을 가미한 퓨전 음식을 맛볼 수 있는 '一碗来(한 그릇 주세요)', 홍차 우유를 주메뉴로 하고 여러 가지 유기농 빵을 맛볼 수 있는 '小确幸紅茶牛奶合作社(소확행홍차우유합작사)' 등을 방문해 보는 것도 좋은 선택이 될 것이다.

낮에 대만의 카페와 화산1914를 둘러보았다면, 저녁에는 양밍산에 올라 타이베이의 아름다운 야경을 감상하는 것도

양밍산에서 보는 야경

빠뜨릴 수 없다.

양밍산의 원래 명칭은 '차오산(草山)'이었으나 대만 총통이었던 장제스가 자신이 존경하는 명나라 학자 '왕양명(王陽明)'의 이름을 따와 1950년부터 '양밍산'이라고 부르기 시작했다.

'양밍산 국립공원'은 사실 하나의 산이 아니라 해발 1,120m의 '치싱산'을 중심으로 한 10여 개의 산을 모두 포함한다. 이 양밍산 국립공원 일대는 화산활동이 있었던 화산지대로 온천수가 분출되어 여러 개의 온천이 운영 중이다. 타이베이 근교에 있어 시내에서 차로 40분 정도면 갈 수 있다.

양밍산은 트래킹을 하거나 초원과 꽃을 구경하는 곳으로 유명하지만 밤이 되면 타이베이의 아름다운 야경을 감상할 수 있는 명소로 변신한다. 우리나라 서울의 남산이나 응봉산, 인왕산을 떠올리면 쉽게 이해할 수 있을 것이다.

그러나 이곳의 특색은 양밍산 중턱에 자리 잡은 멋진 레스토랑들이다. 가장 대표적인 레스토랑으로는 'THE TOP'과 '차오산 레스토랑'이 있다. 두 레스토랑 모두 산비탈을 따라 계단식 구조로 이루어져 있으며 야외 좌석이 넓게 준비

〈THE TOP〉의 야경

되어 있다. 세련된 인테리어가 낭만적인 야경을 더욱 낭만적으로 만들어주는 데 한몫 톡톡히 한다.

두 레스토랑은 대만 현지인들에게 워낙 인기가 많아 최소 하루 전에는 전화로 예약해야 이용할 수 있으며, 예약 없이 방문하면 평일 기준 최소 1시간 이상 기다려야 한다. 고급 레스토랑답게 메뉴를 주문해야 하는 최소 가격도 책정되어 있는데 대략 350위안(한화 약 15,000원) 이상이다.

날이 어두워지고 아름다운 야경이 시작될 즈음이면 양밍산은 온통 연인이나 친구를 태운 스쿠터들로 가득 찬다. 양밍산 중턱에 오르자마자 타이베이 야경을 한눈에 감상할 수 있는데 멀리 보이는 대만의 랜드마크인 '타이베이 101빌딩'과 높은 빌딩들에서 뿜어져 나오는 반짝반짝한 빛의 향연을 마음껏 즐길 수 있다.

이런 경험이야말로 관광객의 입장에서 쉽게 체험해 볼 수 없는 현지인들의 생활이 아닐까?

모두가 가는 곳, 아는 곳도 좋지만 지금도 시시각각 변화해가는 대만의 트렌디한 문화를 찾아보고 경험해보는 것이 대만 여행의 묘미다.

## 국립고궁박물원에는 고궁이 없다?

"베이징 고궁박물원에는 박물이 없고, 대만 고궁박물원에는 고궁이 없다."라는 말이 있다. 이것은 베이징 고궁박물원에는 보물이 적고, 대만은 왕조의 수도였던 적이 없으니 고궁이 없다는 뜻이다.

대만 국립고궁박물원은 중국 역사상 가장 수준이 높은 유물들이 모여 있기에 '중화 문화의 보고'라고 해도 과언이

아니다. 대만의 국립고궁박물원은 세계적으로 이름난 대형 박물관이다. 타이베이에 위치하고 있으며, 약 20만㎡의 넓은 대지 위에 지어진 중국 궁전 양식의 건물로 고대 중국 황실의 보물과 예술품 약 69만 점을 보유하고 있다.

그런데 특이하게도 대만 국립고궁박물원에 있는 소장품들은 사실 대만의 역사와 무관한 대륙의 유물들이다. 그 이유는 국립고궁박물원의 개관 관련 역사를 살펴보면 알 수 있다. 현재 우리가 알고 있는 세계적인 박물관인 국립고궁박물원은 1965년에 대만에서 개관하였으나, 그 시작은 그보다 훨씬 앞선다.

청나라의 마지막 황제 선통제가 자금성에서 떠난 후, 1925년 자금성은 청나라 황실이 가지고 있던 유물들을 전시하는 고궁박물원으로 탈바꿈하였다.

1931년 일본이 만주를 침범하자 국민당 정부는 자금성에 전시되었던 유물들을 상하이(上海)로 옮겼고, 1937년 중·일전쟁이 발발하자 상하이에 있던 유물들을 다시 난징(南京)으로 옮겼다. 그 후 국공내전에서 공산당에 밀린 장제스 국민당 정부는 훌륭한 유물들만 엄선하여 1948년 대만으로 보냈다. 당시에는 전시 공간이 마땅치 않아 지하 벙커에 보관하고 있다가 1965년에야 국립고궁박물원을 개관하였다.

대만에는 중국 역대 왕조의 수도였던 도시가 없었기 때문에 궁궐이란 말을 쓸 수는 없으나 유물의 출처인 베이징 자금성을 연상할 수 있도록 국립고궁박물원이라 명명하였다. 이처럼 사연 많은 국립고궁박물원은 중국 역대 왕조의 유물들을 망라해서 보여주고 있다.

"대만에 갔어도 고궁박물원을 관람하지 못하면 대만을 간 게 아니다."라고 할 만큼 반드시 가야 하는 곳이 바로 국립고궁박물원이다.

대만의 학생들은 초등학생부터 고등학생까지 매년 고궁박물원을 관람하는데, 그때마다 보는 유물들이 다르기 때문에 매년 가는 것을 당연하게 여길 정도라고 한다.

실제로 3개월에 한 번씩 소장품을 바꿔 전시하고 있기 때문에 3개월마다 한 번씩, 1년에 네 번 고궁박물원을 방문한다고 해도 소장된 유물들 전부를 관람하는 데는 무려 8년이나 걸린다. 이 유물들 중에 가장 대표적인 것이 취옥백채(翠玉白菜)와 육형석(肉形石)이다.

자연 옥을 이용해서 배추의 색깔을 생동감 있게 재현하였고, 배춧잎 위에 앉아 있는 여치와 메뚜기까지 조각한 취옥백채는 19세기 청나라 광서제의 부인인 근비가 결혼할 때 가져온 혼수품이다.

예로부터 옥은 그 자체로 진귀한 것이기는 하나, 취옥백채의 옥은 절반은 흰색이고 절반은 녹색인데다가 갈라진 흔적과 반점 무늬가 있어 최상의 품질이 아니었다. 하지만 그러한 결점에도 불구하고 희대의 걸작으로 탄생하였다.

취옥백채를 만든 장인은 창조적인 생각과 훌륭한 기술로

취옥백채(비취색 옥으로 만든 배추)와 배춧잎에 있는 여치와 메뚜기

옥에 있는 색깔 분포를 이용하여 배추의 흰색 줄기와 녹색 잎을 만들어 갈라진 틈을 배춧잎에 숨기고 반점은 서리를 맞은 것으로 표현하여 예술의 극치를 보여준다.

배춧잎 위의 여치와 메뚜기는 다산을, 흰색은 순결을 상징한다. 그리고 배추라는 뜻의 '백채(白菜)'와 많은 재물을 뜻하는 '백재(百財)'의 중국어 발음이 비슷하기 때문에 대만 사람들은 모조품이라도 소장하고 싶어한다.

송나라 시인 소동파(蘇東坡)가 좋아한 동파육(東坡肉)을 본떠 만든 육형석은 실제 돼지고기를 삶아 놓은 것 같이 아주 먹음직스럽게 보인다. 맨 윗부분을 적갈색으로 염색한 후 표면에 땀구멍 같은 검은 점을 만들어 간장에 졸인 돼지껍질처럼 보이도록 매우 정교하게 만들었다.

취옥백채와 육형석은 6개월 단위로 교차 전시된다. 그리고 고궁박물원 구내식당에서는 취옥백채와 육형석처럼 만든 요리도 만날 수 있다.

육형석(고기 형상의 돌)

상아투화운룡문투구(象牙透花雲龍紋套球)도 매우 정교한 예술품으로 많은 사람이 찾는다. 상아로 깎아 만든 큰 공을 밖에서부터 안으로 조각하며 공 안에 작은 공을, 그 작은 공 안에 또 더 작은 공을, 다시 그 안에 또 더 작은 공을……. 이렇게 16번이나 반복하여 17개의 공이 마치 하나의 공으로 보이는 상아투화운룡문투구는 3대에 걸쳐 완성된, 매우 섬세한 작품이다.

〈상아투화운룡문투구〉
한 덩어리의 옥을 안에서부터 16개의 층으로 꽃, 구름, 용무늬를 새긴 구 형태를 겹쳐 쌓아 만든 상아 공

최고라고 인정받는 현대의 어느 조각가가 이 작품을 똑같이 재현하려고 했지만 결국 14개까지 만드는 데 그쳤다고 하니 상아투화운룡문투구의 정교함에 놀라지 않을 수 없다. 게다가 가장 큰 공 안의 작은 공 16개가 모두 구른다는 것이 매우 신기할 따름이다.

## 새해맞이는
## 타이베이에서

한 해의 마지막 날인 12월 31일, 우리나라에서는 가족과 친구, 연인들이 종로 보신각 앞에 모여 새해맞이 카운트다운을 하며 신년을 맞이한다. 보신각에서의 '제야의 종' 타종은 우리나라의 가장 대표적인 새해맞이 행사로 늦은 밤 추위에도 수많은 시민이 보신각 앞에 운집하여 새해의 소망을 빈다. 또한 방송에서도 자정을 앞둔 서울 보신각에서 실황을 생중계한다.

비단 우리나라뿐만 아니라 세계 곳곳의 도시에서도 새해를 축하하는 행사가 다채롭고 화려하게 열린다. 뉴욕 타임스퀘어 '볼 드롭', 파리 개선문 '불꽃놀이', 런던 빅벤 '타종' 행사 등이 대표적이다.

그러면 대만 사람들이 다 함께 즐기는 대표적인 신년맞이 행사에는 무엇이 있을까? 바로 타이베이 101빌딩의 불꽃쇼다. 이 행사가 세계적으로 유명해지는 과정을 이해하려면 대만의 수도인 타이베이의 역사를 알아야 한다.

타이베이는 청나라 초기까지 소외되었던 지역이었지만, 이 지역을 가로질러 흐르는 단수이강 유역이 차(茶) 무역의 중심지가 되면서 도시로 성장하였다. 1895년 청·일전쟁에서 승리한 일본은 대만을 점령한 후 1900년부터 도로와 상하수도 시설, 서구화된 건물을 세우면서 타이베이는 현대 도시로 탈바꿈했다.

1949년 12월 중화민국 국민당 정부는 공산당에 밀려 대만으로 오게 되었지만, '중국 본토 수복'이라는 꿈을 버리지 않았다. 1975년 대만 총통 장제스가 세상을 떠나고,

1988년 그의 아들 장징궈(蔣經國)도 세상을 떠난 후에야 본토 수복은 비현실적인 꿈이라는 것을 인정하게 되었다. 1949년 대륙에서 건너온 국민당의 지도자들과 달리, 토박이 대만인이라는 의식이 강했던 민주진보당의 천수이볜(陳水扁)이 1994년 타이베이 시장에 당선된 데 이어 2000년 총통이 된 후부터 타이베이는 진정한 '대만의 수도'로서 자리매김하게 되었다.

경제 강국으로 발돋움한 대만은 낡아 보이는 수도 타이베이를 새롭게 단장하기 위한 '세계 최대 규모의 빌딩 프로젝트'를 세운 후 '타이베이 101빌딩' 건설을 서둘러 추진하였다.

이 공사는 대만 역사상 가장 큰 스케일의 토목공사로 총 공사 기간 5년, 비용도 2조원을 넘게 투입하여 마침내 2004년 12월 31일 성공적으로 완공하였다. '타이베이 101빌딩'은 대만의 수도 타이베이의 대표적인 건축물로 도시 전체에서 가장 돋보인다. 건물 이름에서 알 수 있듯 지상 101층, 높이 509m로 2010년까지 세계 최고층 높이의 빌딩이었다. 아랍 에미리트의 '부르즈 할리파', 우리나라의 '롯데월

샹산(象山)에서 바라본 타이베이 101빌딩

드타워' 등이 완공되면서 순위가 낮아졌지만 대만에서 가장 높은, 대만인의 자부심과 같은 건축물이다.

'타이베이 101빌딩'은 연중 관광객의 발길이 끊이지 않는 인기 명소다. 엘리베이터는 매표소가 있는 5층부터 89층 전망대까지 대략 500m의 높이를 불과 37초 만에 도착해, 한때 세계에서 가장 빠른 엘리베이터로 기네스북에 등재된 바 있다(현재는 중국 광저우 CTF 파이낸스 센터의 엘리베이터로 최고 속도가 무려 초속 21m이다.). 89층의 실내 전망대는 사방이 유리로 되어 있어 타이베이 시내를 360도로 감상할 수 있으며, 한국어 음성 안내기를 이용하면 도시에 대한 설명도 들을 수 있다. 날씨가 좋은 날에는 91층 야외 전망대를 개방하기도 한다.

타이베이 101빌딩에는 금융기관들의 사무실이 입점해 있다. 이와 함께 지하에는 유명 브랜드의 상점들이 입점해 있고, 고급 레스토랑들이 자리 잡고 있어 쇼핑과 오락, 식사를 한 곳에서 즐길 수 있다. 때문에 타이베이에 가는 사람은 누구나 가보고 싶어 한다.

이러한 유명세 덕에 타이베이 101빌딩을 배경으로 한 온라인 게임도 여럿 존재한다. 대만의 대대적인 신년맞이 행사는 바로 이곳 타이베이 101빌딩에서 이루어진다. 한 해 마지막 날인 12월 31일 밤, 타이베이 시민은 친구나 연인, 친지들과 함께 타이베이 101빌딩 주변에 모인다. 빌딩 앞에 마련된 특설 공연 무대 앞 또는 타이베이 101빌딩이 잘 보이는 공원이나 광장(국부기념관 등)에 자리를 잡고 자정까지 기다린다. 밤 11시 59분이 되면 빌딩의 조명은 완전히 꺼지고 카운트다운에 들어간다. 60부터 1까지 줄어드는 숫자가 끝남과 동시에 빌딩 전체는 상상을 초월한 모습으로 변신한다.

우리가 상상하는 하늘로 높이 쏘아 올리는 폭죽이 아니라, 빌딩 자체가 불타듯, 건물 자체가 커다란 폭죽물로 변신한다.

빌딩의 높은 벽면은 거대한 스크린이 되어, 새해 인사 "新年快樂(신녠콰이러)!" 및 화려한 영상과 함께, 약 5분 남짓 동안 보는 이들의 넋을 빼는 초대형 신년맞이 폭죽쇼가 진행된

타이베이 101빌딩의 신년맞이 불꽃축제

다. 이 거대한 새해맞이 쇼는 1년에 걸쳐 준비하는데, 이때 사용하는 폭죽만도 약 2만여 개에 달한다고 한다. 타이베이 101빌딩의 신년맞이 화려한 불꽃축제는 이미 세계인들이 함께 즐기는 축제가 되었다.

**대만에서
맞이하는
특별한 일출**

대만은 아열대 기후이기 때문에 눈을 거의 볼 수 없다. 그래서 겨울이면 많은 대만 사람들이 우리나라 스키장으로 눈을 구경하러 온다. 그런데 대만에도 눈을 볼 수 있는 곳이 있다. 바로 위산(玉山)이다.

한반도에서 가장 높은 백두산이 해발 2,744m인데 대만은 해발 3,000m가 넘는 고산이 무려 260여 개나 있다. 등

위산 정상, 해발 3,952m

산을 즐기는 사람들에게는 천국 같은 곳이 아닐 수 없다. 위산은 해발 3,952m로 일본의 후지산보다 더 높은 산으로 협곡과 절벽, 계곡 등 아름다운 자연의 절경을 볼 수 있는 곳이다. 눈이 내리면 옥처럼 빛난다고 하여 구슬 옥(玉)자로 산의 이름을 지었다.

위산 국립공원은 경사가 가파르지만 등산객을 위한 편의시설들이 잘 갖추어져 있어 트레킹하기 좋은 곳으로 유명하다. 그렇지만, 위산은 가고 싶다고 아무 때나 갈 수 있는 곳이 아니다. 위산은 정상에 오르는 중간 경유지인 페이원산장에서 숙박하는 사람에 한해서 입산이 가능한데, 페이원산장은 약 100여명 정도만 수용할 수 있기 때문에 입산

신청 후 허가를 받은 사람들만 트래킹을 할 수 있다. 고산증에 대한 대비도 철저히 해야 하고, 비가 자주 내리는 지역이니 이에 대한 대비도 잘 해야 한다.

산에는 구상나무 거목 원시림과 수많은 야생화가 펼쳐져 있어 영화의 한 장면을 보는 듯하다. 또한 발 아래 구름이 솜이불처럼 깔려 있는 신기한 경험도 할 수 있다.

산 밑은 사바나기후나 아열대기후를 띠지만 산이 높은 관계로 정상 부근은 냉대기후 또는 한대기후를 띤다. 또한 비와 눈이 매우 많이 오기 때문에 눈비가 덜한 10월~12월이 오르기 좋은 시기이다.

한국 여행객들에게 가장 많이 알려진 곳은 타이루거(太魯閣) 국립공원이다. 타이루거의 본래 명칭은 타로코(Taroko)인데, 원주민 트루쿠(Trukuk)족의 언어로 그 뜻은 '위대한 산맥'이라고 한다.

타이루거는 해발 2,000m가 넘는 산들로 둘러싸인 대리석 계곡으로 면적은 약 920㎢다. 대만 동부에서 태평양으로 흐르는 리우 강의 침식을 계속 받으면서 대협곡이 형성되었다. 협곡이 가파르기 때문에 항상 낙석을 주의해야 하고

타이루거 협곡(오른쪽)과
대리석으로 이루어진 절벽(왼쪽)

안전모를 쓰고 투어하는 경우도 있다. 타이루거 국립공원 내에도 유명한 트레킹, 하이킹이 가능한 코스들이 있는데 역시 입산 허가를 받아야 한다.

특히 협곡을 따라 흐르는 물줄기와 웅장한 대리석 절벽이 장관을 이루고 있어 눈과 귀를 사로잡는다. 바위 곳곳에 뚫려 있는 구멍들은 침식작용으로 생긴 것인데, 봄이 되면 제비가 터를 잡아 제비굴이라고 불리우는 옌즈커우(燕子口)도 만날 수 있다. 계곡을 따라 보이는 아슬아슬한 길은 예전에 원주민이 다니던 길이다.

대만 남부, 자이(嘉義)현에 위치한 아리산(阿里山) 국가풍경구는 대만의 최고봉 위산을 중심으로 해발 2,000m 이상의 봉우리 20여 개가 모여 있는 산맥을 통칭한다. 아름다운 구름부터 쩌우족(鄒族) 원주민 마을의 문화까지 볼 수 있다.

대만의 산악 휴양지로 최고의 인기를 얻고 있으며 2,000미터가 넘는 높은 아리산에서 생산되는 차는 향이 매우 깊고 아름답기로 유명한 특산품이다. 대만 사람들은 아리산으로 일출을 감상하러 가고 봄에는 꽃놀이를 즐기러 간다. 산책로도 잘 정리되어 있어, 평소 등산을 하지 않는 사람들도 어렵지 않게 오를 수 있다.

아리산의 운해

특히 보행이 힘든 노약자나 온전히 산을 즐기고 싶은 사람은 아리산의 랜드마크인 산악열차를 타고 느긋하게 경치를 감상하며 정상까지 오르는 호강도 할 수 있다.

아리산의 산악열차는 인도의 히말라야 산악열차, 페루의 안데스산 산악열차와 더불어 세계 3대 산악열차로 꼽힌다. 이 산악열차는 1999년 9월 대지진이 발생하여 철길 일부가 유실된 후 일부 구간만 운행되고 있다.

아리산은 계절마다 색다른 매력으로 사람들을 유혹한다. 봄에는 흐드러지게 피는 벚꽃을 감상할 수 있고, 여름에는 울창한 숲속을 걸으며 산림욕을 할 수 있으며, 가을에는 대

아리산 산악열차

아리산의 일출

만에서 보기 어려운 단풍을 볼 수 있고, 겨울에는 향이 좋은 고산차를 즐기며 멋진 일출을 즐길 수 있다. 또한 반딧불 투어, 원주민 문화 체험도 할 수 있다.

## 아무리 걸어도
## 살이 찌는 여행지,
## 대만!

대만에 다녀온 많은 사람들은 이야기한다.

"열심히 걷고 또 걷고 다시 걸었는데도 살이 쪘다."

특히 대만을 여행할 때 하루도 포기할 수 없는 맛있는 '이것들' 때문에 체중 조절에 실패했다고 얘기하는 걸 들을 수 있는데, 여행객을 사로잡는 매력적이고 달콤한 '이것들'은 대체 무엇일까?

쉐이궈라오

아열대 기후와 열대기후에 속하는 대만은 다양한 과일이 많이 생산되는 지역이다. 그중 망고, 애플망고, 파인애플, 용과 등 상큼하고 달콤한 열대과일들은 다른 지역의 과일보다 당도가 높기로 유명하다.

이렇게 맛있는 과일이 다양하게 생산되는 만큼 과일을 기본으로 한 달콤한 디저트들이 유명한데, 그 중 '쉐이궈라오(水果撈)'는 대만의 모든 유명 과일을 한 그릇 안에서 즐길 수 있는 황홀한 디저트다.

쉐이궈라오는 주로 연유나 요구르트 등을 섞어 만든 달달한 음료에 각종 신선한 과일들을 한입 크기로 잘라 넣은 후 타피오카 펄, 삶은 팥 등을 곁들여 먹는데, 취향에 따라 꿀

이나 얼음을 넣기도 한다.

대만 사람들에겐 비타민이 가득한 한 끼 식사로도 사랑받고 있으며, 피로에 지친 여행객들에겐 대만의 신선한 과일들을 한 그릇에 담아 즐길 수 있으니 매우 매력적인 음식이 아닐 수 없다.

이처럼 생과일을 풍족히 즐기는 대만 사람들에겐 과일을 곁들인 다양한 디저트가 많은데, 대만의 더운 날씨 탓에 모든 여행자들이 대만에서 하루에 한 번 이상씩은 먹게 된다는 이것, 바로 '과일빙수'는 대만 여행에서 결코 빼놓을 수 없는 별미 중의 별미다.

대만에서는 빙수를 '바오빙(刨冰)', '춰빙(剉冰)' 이라고 부르는데, 얼음의 상태에 따라 그 이름이 달라지기도 한다. 얼음을 눈꽃처럼 곱게 간 '쉐화빙(雪花冰)', 얼음에 우유, 과일 등을 추가해 밀도를 조절해 흡사 면포를 켜켜이 쌓아 올린 것 같은 '몐몐빙(綿綿冰)'은 사람들의 눈과 입을 사로잡는다.

눈꽃빙수의 원조라고 불리는 '싱파팅(幸發亭)'은 이미 그 역사가 80년이 넘었다 하니 빙수라는 아담한 디저트에서

대만 빙수 〈몐몐빙〉

장인의 영혼을 담은 엄청난 전문성이 느껴지지 않는가?
그럼 대만의 빙수는 한국의 빙수와 어떤 차이가 있을까?
첫째로 가격이 저렴하고 재료가 신선하다. 한국에서 생망고를 쓰는 호텔 빙수는 5만 원을 넘는 등 고급 디저트로 분류되지만 대만의 경우 잘 익은 망고가 가득한 생망고 빙수가 5~6천 원, 비싸도 만 원 안팎이면 즐길 수 있으니 빙수를 좋아하는 사람들에게는 천국이나 다름없다.
둘째로 고명의 종류가 한국보다 다양하다. 한국에서 빙수에 올리는 고명이라고 하면 팥, 떡, 과일 정도만 생각할 수 있지만 대만의 빙수에는 한국에서는 보기 어려운 고명이 많다. 두부, 녹두, 타피오카 펄, 고구마 떡, 푸딩, 옥수수와 땅콩에 이르기까지 다양한 종류의 고명이 빙수마다 각기 다른 맛과 비주얼을 자랑한다.

고명과 과일은 원하는 종류를 선택할 수 있기 때문에 빙수집의 메뉴판에 있는 수십 종류의 빙수가 자신의 이름을 불러주길 기다리고 있다. 또한 한국에서는 빙수가 계절 음식으로 인식되어 가게를 쉽게 찾기 어렵지만 대만은 어느 지역, 어느 동네에서나 얼음 빙'冰'자가 쓰인 간판을 쉽게 만날 수 있다. 어떤 가게에서든 그 가게만의 독특하고 맛있는 빙수를 즐길 수 있으니 오늘은 어떤 빙수를 만나게 될까 매

〈싼슝메이〉 빙수집 간판

일 매일 달콤한 기대감으로 하루가 시작된다.

대만에는 빙수 가게 만큼이나 자주 보이는 디저트 가게가 또 있다. 한국에서는 맛볼 수 없는 신기한 음식이니 지나가다 '豆花'(떠우화)라고 적힌 간판을 만난다면 주저하지 말고 들어가 볼 것을 추천한다.

떠우화는 연두부에 설탕물과 달콤한 각종 고명을 함께 넣어 먹는 음식으로 상상하지 못했던 달콤한 맛에 두부는 반찬이라는 평생의 고정관념이 와장창 깨지고 만다. 여름에는 시원하게 얼음이나 아이스크림을 함께 넣어 즐기기 때문에 '대만 두부빙수'라는 이름으로도 불린다. 미식가들에 따르면 처음에는 약간 심심하고 단조로운 느낌이 있지만

두부빙수 〈떠우화〉

먹다보면 매료되고 다음날이 되면 또 생각나는 맛이라고 하니 대만에 가면 꼭 먹어보아야 할 디저트임이 틀림없다.
대만 사람들은 쫀득한 식감의 간식을 좋아한다. 차와 함께 쫄깃한 타피오카 펄을 즐기는 버블티가 대만에서 유래한 것만 봐도 알 수 있듯 대만 사람들이 사랑하는 간식 1위에 떡이 자리하고 있는 건 당연한 일이다.

대만의 길거리에선 우리에게도 익숙한 모습과 맛을 가진 간식을 만날 수 있는데, 바로 '뫄지'라고 부르는 떡이다. 사실 '뫄지'라는 단어 자체도 일본어 '모찌'에서 비롯되었으니 쫀득한 인절미나 찹쌀떡과 매우 흡사하다.

뫄지는 소를 넣어 한국의 경단처럼 즐기기도 하고, 소를 넣지 않고 그냥 콩가루 등을 묻혀 먹기도 하는데, 금방 만들어낸 떡의 쫄깃함과 고소함을 어디서든 만날 수 있으니 여행을 하는 한국인에게는 참으로 반가운 간식이다.

떡과 타피오카 펄을 좋아하는 사람이라면 '바오신펀위안(包心粉圓)'도 꼭 맛보기를 추천한다. 이름부터 범상치 않은 '크리스탈 모찌'라고도 하는 이것은 타피오카 펄과 비슷한 외양을 가졌지만 안에 팥이나 깨, 땅콩 등의 소가 들

바오신펀위안

어있어 매우 고소하고 달콤하다.

여름에는 시원하게 얼려먹거나 아이스크림, 푸딩 등과 곁들여 먹기도 하고, 겨울에는 따뜻하게 즐기기도 한다.

1980년대 초 이란(宜蘭)현의 뤄둥(羅東)야시장의 작은 점포에서 처음 개발된 것으로 그곳에 가면 꼭 먹어보아야 할 대표 음식이기도 하며, 다른 지역에서는 '웨이제바오신(魏姊包心)'의 체인점을 통해 맛 볼 수 있다.

마지막으로 하나만 더 소개하면, 이 과일을 빼놓고선 대만의 과일과 디저트를 논할 수 없을 만큼 감동의 맛을 자랑하는 것이 있다.

우리에게 너무나 익숙하지만 대만에서 맛보면 깜짝 놀라

게 되는 이 과일의 이름은 바로 '펑리(鳳梨, 파인애플)'이다. 파인애플을 꼭지부터 과육까지 반으로 갈랐을 때의 단면 모양이 봉황의 꼬리를 닮았다 하여 이름에 봉황 봉(鳳)자를 쓴다는 이 과일은 품종에 따라 그 맛이 매우 다르다. 그중 대만을 대표하는 품종인 '진좐펑리(金鑽鳳梨)'는 껍질이 얇아 썰기가 편할 뿐 아니라 과육에 섬유질이 느껴지지 않아 식감이 부드럽고 달콤한 맛이 강한 것으로 유명하다.

때문에 이 과일을 현지에서 맛본 사람들이 그 맛에 홀딱 반하지만 파인애플을 사올 수는 없으니 아쉬운 마음을 대신해서 파인애플이 들어간 과자라도 들고 온다는 이야기가 있을 정도인데, 바로 대만의 대표 과자라고 할 수 있는 '펑리수(鳳梨酥)'가 그것이다.

펑리수는 말 그대로 파인애플 과자라는 의미로 외국인에겐 지역 특산품으로만 보이지만 사실 대만 사람들에게 펑리수는 조금 더 특별한 의미를 가진다. 전통적으로는 결혼식에서 손님들에게 답례품으로 선물하는 과자이기도 하다. 또한 개업식 등을 축하할 때 꼭 이 과자를 선물하는데 이것은

펑리수

펑리의 의미와 매우 큰 관련이 있다.

펑리의 발음이 대만의 방언인 타이위(臺語)의 발음과 비슷한데, '旺來'는 '왕성하게 온다'라는 의미를 지니고 있어 결혼하는 신혼부부에게는 자녀가, 개업식에서는 손님들이 많이 찾아오기를 바라는 마음이 이 과자에 담겨 있기 때문이다.

맛있는 파인애플을 넣어 만들었다고 생각한 펑리수가 실제로는 파인애플만으로 만들지 않는다는 사실을 알게 되면 배신감이 밀려들지도 모른다. 그러나 파인애플로만 소를 만들 경우 색깔이 너무 진하고 과육의 결이 거칠게 느껴져 최근의 펑리수는 대부분 둥과(冬瓜)를 함께 넣어 부드러운 식감을 살리도록 만든다.

또한 다양한 종류의 펑리수가 개발되어 파인애플뿐 아니라 망고나 블루베리를 넣어 만들기도 하고, 땅콩이나 잡곡, 밤 등을 넣어 씹는 맛을 추가한 펑리수도 많아 고객의 다양한 입맛을 만족시키고 있다.

이리도 달달하고 맛있는 음식이 가득하니 대만을 여행하는 사람들이 살이 쪄서 돌아오는 건 너무나 당연하다.

다양한 먹거리로 우리를 사로잡는 대만, 살찔 걱정은 잠시 덮어두고 아침부터 밤까지 달콤함이 가득한 대만 여행을 떠나 보는 건 어떨까?

하루
세 끼는
너무 부족해!

대만으로 여행을 간다고 상상해보자. 두근거리는 마음으로 가장 먼저 비행기표를 사고, 숙박시설을 예약하고, 맛집을 검색하며 기대를 한껏 부풀리게 된다. 하지만 검색을 하며 좌절할지도 모르겠다.

보통 사람이라면 하루에 삼시세끼이고 아무리 대식가라도 다섯 끼 이상은 힘든데 '꼭 먹어봐야 할 대만 음식'은 수십 가지에 이르니 길어봤자 4박 5일 정도인 여행에선 입 한번 대보지 못하는 음식이 훨씬 많을 테니 말이다. 그렇다면 어떤 음식을 골라야 할지, 알고 먹으면 더 맛있는 대만의 미식 세계로 들어가 보자.

여행지에 전 세계적으로 유명한 맛집의 본점이 있다면 꼭 한 번 방문해 보는 것이 좋다. 대만 타이베이 신이(信義)에는 바로 '딘타이펑'-크고 풍요로운 솥-의 본점이 있으니 이곳을 그냥 지나치면 안 된다. 딘타이펑은 1958년 길거리 노점에서 '샤오룽바오(小籠包)' 판매를 시작으로 성장한 유서 깊은 식당이다.

1993년 뉴욕타임즈가 선정한 '세계 10대 레스토랑' 중 하나이며, 한국에는 2005년 7월에 명동 지점이 처음 개점하였다. 한국인들이 좋아하는 메뉴로는 '우육면(소고기국수)', '샤오룽바오(육즙가득만두)', '딴딴멘(비빔면)', '사오마이(만두의 일종)', '파이구(갈비) 볶음밥' 등이 있는데, 사실 어느 나라의 어느 지점에서 먹어도 맛은 크게 차이가 없다.

다만 대만에서는 한국보다 조금 더 다양한 메뉴를 싼 가격

샤오롱바오를 만드는 딘타이펑 본점

으로 먹을 수 있고, 한국어로 된 메뉴판과 한국어가 가능한 직원까지 있어 편안히 음식을 먹을 수 있다는 장점이 있다. 한국에서는 딘타이펑이 고급스러운 중식당 이미지가 있지만 대만 현지의 본점은 훨씬 서민적이고 사람들로 북적이는 활기찬 느낌이 가득하다.

워낙 인기가 많은 식당이다 보니 한 두 시간 기다리는 것은 예삿일인데 인터넷 예약 대기 시스템을 이용하면 기다리는 수고를 덜 수 있으니 잘 활용할 것을 추천한다. 딘타이펑의 유명 메뉴 중 우육면은 대만에서 꼭 먹어 보아야 할 대표적인 음식 중 하나이다. 2024년엔 1100만 구독자를 지닌 유명 인플루언서도 딘타이펑에서 먹방을 촬영했는데,

영상으로 먼저 분위기를 한 번 느껴보는 것도 좋을 것이다. 우육면은 딘타이펑과 같은 유명 음식점이든 길거리의 작은 노점이든 대만의 어느 곳에서도 쉽게 만날 수 있는데, 가게마다 국물 맛은 물론 면의 종류, 고기 맛이 모두 다르다. 두툼한 소고기를 면 위에 가득 올린 비주얼은 보고만 있어도 입 안 가득 소고기의 깊은 맛이 느껴질 정도로 매력적이다.

그러나 그림만 보고 달큰하고 고소한 국물을 기대했다면 코를 찌르는 매콤하고 짙은 향신료 냄새에 깜짝 놀랄지도 모르겠다. 일반적으로 대만에서 말하는 우육면은 홍사오뉴러우몐(紅燒牛肉麵)으로 마라훠궈(麻辣火鍋)에 넣는 것과 비슷한 향신료와 고추기름을 넣기 때문에 매콤할 뿐 아니라 향도 꽤 강한 편이다.

그런데 대만에서 가장 유명한 음식이 마라(맵고 아린)맛이라니 이상하지 않은가? 이것은 우육면의 역사 속에 그 비밀이 있다.

우육면은 1949년 중국 쓰촨성(四川省) 청두(成都)에서 옮겨 온 공군사관학교가 자리하고 있는 대만 가오슝(高雄)의

홍사오뉴러우멘

강산(岡山)구에서 처음 개발되었다. 이 학교의 병사들 중에는 쓰촨 사람들이 많았다. 그들은 대만으로 옮겨온 이후에도 고향의 맛을 잊지 못해 쓰촨의 대표적 향신료인 매운 두반장을 이곳에서 만들어 먹었다고 한다. 쓰촨에는 매운 두반장을 써서 만든 '샤오완홍탕뉴러우(小碗紅湯牛肉)'이라는 음식이 있는데 이것을 모티브로 하여 대만식 우육면이 개발되었다.

한 가지 재미있는 점은 이 우육면이 유행하기 전까지 대만에서는 소고기를 먹지 않았다는 것이다. 농경사회에서 소는 노동력을 제공해주는 소중한 동물이었기 때문에 잡아먹지 않았는데, 중국 본토에서 온 군인들이 체력 보충을 위해 소고기를 탕에 넣어 먹기 시작한 이후 이와 같은 방식이 널리 퍼져 현재는 대만을 대표하는 음식이 된 것이다.

쓰촨의 향기가 가득한 이 우육면은 정작 중국의 쓰촨 지역에서는 맛볼 수 없는 대만만의 독특한 음식으로 수많은 사람들의 입맛을 사로잡고 있다.

대만의 우육면 가게에는 어느 집이든 테이블 위에 양념으로 버무려 다져진 야채가 준비되어 있는 것을 볼 수 있는데, 이것을 쏸차이(酸菜)라고 한다.

"우육면에 쏸차이를 넣지 않는 것은 화장을 끝내고 립스틱을 바르지 않는 것과 같다."라는 말이 있을 정도로 쏸차이는 우육면의 맛을 완성하는 데 큰 역할을 한다. 약간은 느끼할 수 있는 국물 맛을 깔끔하게 잡아주어 국물을 한 방울도 남기지 않고 한 그릇 뚝딱 비울 수 있게 해주는 마법의 재료라 하겠다.

소고기국수 한 그릇을 다 먹고도 배가 차지 않았다면 돼지고기를 먹으러 가보자. 대만에는 '루러우판(滷肉飯)'이라고 하는 돼지고기 조림 덮밥이 있다.

루러우판은 작게 자른 돼지고기를 간장소스에 졸여 밥 위

루러우판

에 얹어내는 음식으로, 가게에 따라 족발, 삼겹살, 목살 등 사용하는 고기의 부위와 식감이 다르고, 양념 소스의 맛도 특색이 있다.

한국 사람들의 입맛에는 장조림과 비슷한 느낌의 맛이라 남녀노소 누구나 맛있게 즐길 수 있으며 야시장에서 한화 2,000원 정도면 한 그릇을 먹을 수 있는 대만의 대표적 서민 음식이라 할 수 있다.

루러우판과 이름이 비슷하지만 헷갈리면 안 되는 음식으로 대만식 떡볶이 '루웨이(滷味)'가 있다. '간장에 졸인다'는 의미의 '루(滷)'라는 글자를 쓰니 비슷한 음식인가 할 수 있겠지만 이 둘은 재료와 만드는 방식에서 큰 차이가 난다. 루웨이는 흡사 셀프 즉석떡볶이 전문점에서 떡볶이에 들어갈 재료를 마음대로 고르듯, 고기와 야채, 해산물, 어묵, 면류 등 수십 가지의 재료를 취향대로 고르면 주인이 달콤하고 짭짤한 특제 소스에 재료들을 데쳐서 한 그릇에 내어주는 방식으로 조리된다.

야시장에서 먹을 때는 가판에 있는 재료를 직접 고르면 되고, 음식점에서는 메뉴판을 보고 종류를 선택하면 된다.

가격은 고르는 식재료에 따라 부과되는데 한 가지 식재료가 보통 한화로 400원부터 1,200원 정도라 5,000원~6,000원 정도면 배부르게 먹을 수 있기 때문에 주머니 사

루웨이

정이 얇은 여행객들에게 안성맞춤이다.

매운 정도도 선택할 수 있어 기호에 따라 순한 맛, 중간 맛, 매운 맛 중에서 선택하면 매콤 달콤한 맛을 즐길 수 있다.

한국에서는 보기 힘든 내장류, 닭발, 선지 등도 재료로 쓰여 다양하고 독특한 식재료의 맛까지 느낄 수 있으니 대만에서 꼭 한번 맛보아야 할 음식이다.

걷다가 배는 고픈데 식당을 찾기가 번거롭다면 길거리에서 맛있게 구워주는 소시지를 하나 먹어보면 어떨까?

샹창(香腸)이라고 부르는 대만 소시지는 빵이나 구운 밥에 싸서 먹는 핫도그 형태로 먹기도 하고, 꼬치에 끼워 그대로 먹기도 한다. 바로 구워 나온 소시지를 호호 불어 한입 베어 물면 육즙이 입안에서 팡팡 터지고, 달콤한 불향까지 느낄 수 있다. 이 때 테이블에 놓여 있는 생마늘을 그냥 두면 안 된다. 생마늘을 하나 까서 소시지와 함께 입에 넣는 순간 마늘 향과 소시지 향이 어우러져 소시지의 맛을 배로 살려주기 때문이다.

참고로 타이난에 가면 '블랙브릿지 소시지 박물관'이 있는데, 온갖 종류의 소시지, 육포 등 다양한 육가공품을 전시하고 판매하는 곳이니 이곳에 들러 소시지를 사는 것도 좋다.

더위에 지쳐 기력을 회복하고 싶다면 대만의 굴 요리를 먹으러 가자. 굴전은 대만식 발음으로 어아젠(蚵仔煎)이라고 하는데, 고구마 전분을 사용하기 때문에 쫀득하고 말캉한 식감을 자랑한다. 굴과 야채, 계란을 기름에 부쳐낸 위에 미소된장으로 만든 달큰한 갈색 소스를 부어주는데, 고소하고 신선한 굴 향이 독특한 식감으로 색다르게 다가온다. 한 접시에 한화 2,000~3,000원 정도면 즐길 수 있는 데다가 맛도 너무 좋아 한번 먹어본 사람은 그 맛이 계속 생각나 어아젠을 먹으러 대만에 다시 간다는 사람도 있을 정도다.

어아젠을 만드는 가게

굴은 대만에서 튀김이나 전 요리에 쓰일 뿐 아니라 국수로도 만들어 먹는데, 굴과 대창을 함께 넣은 '굴 대창 국수'가 매우 유명하다. 지역과 음식점에 따라 굴이나 대창 하나만 넣기도 하고 다양한 해산물을 많이 넣기도 한다.

이 국수의 면은 '몐셴(麵線)'이라고 부르는데 우육면의 면과 달리 굉장히 가늘고 부드러워 굴과 대창의 부드러운 식감과 면의 식감이 조화롭게 어우러지는 특징을 가진다.

게다가 국물은 고구마 전분이나 녹말가루를 풀어 걸쭉하게 만드는데 면을 먹을 때 국물까지 함께 후루룩 딸려와 빠른 시간에 한 그릇 뚝딱 비우기 좋다.

대만의 가장 보편적인 길거리 음식이라 어디에서든 만날 확률이 가장 높은 메뉴이기도 하니 '蚵仔麵線(굴 국수)'라고 쓰인 간판을 본다면 꼭 한번 맛보길 권한다.

야식이 생각나는 밤, 밖으로 나가면 익숙한 향기를 따라 걷고 있는 자신을 발견하게 된다.

'야식은 치킨과 맥주'라는 불변의 진리는 대만에서도 통하는데 바로 '지파이(雞排)'와 '셴수지(鹹酥雞)'가 우리를 기다리고 있기 때문이다.

지파이는 닭가슴살을 반으로 갈라 큰 덩어리로 만든 다음 통째로 튀겨낸 것이고, 셴수지는 닭의 다양한 부위를 한입 크기로 잘라 튀겨낸 음식이다. 큼지막하게 한 조각을 먹고 싶다면 지파이를, 다양한 튀김을 즐기고 싶다면 셴수지를 선택하면 된다. 닭심장, 오돌뼈, 엉덩이살, 어깨살 등 닭의 특수부위는 물론 야채, 두부, 어묵, 버섯까지 다양한 식재료를 튀겨주기 때문에 모듬 튀김으로 즐길 수 있다.

보통 재료를 고를 때 한 가지를 선택하면 한 개만 튀겨주는 것이 아니라 1인분을 튀겨주기 때문에 양을 잘 조절해서 주문하지 않으면 밤새 튀김만 먹어야 할 수도 있으니 주의해야 한다.

셴수지 가게

대만에서는 매일매일 아침부터 밤까지 무엇을 먹을지 행복한 고민을 하게 된다. 지나가다 만나는 길거리 음식도, 멋진 음식점의 고급 요리도 한 번만 맛보기에는 시간과 위장에 한계가 있음이 아쉬울 뿐이다.

훌륭한 볼거리와 즐길 거리의 사이사이마다 최고의 먹을거리로 호사를 누릴 수 있는 대만의 특별한 여행을 기대해 본다.

## 대만차, 골라 마시는 재미가 있다

대만의 차(茶)라고 하면 대부분 버블티가 먼저 떠오르지 않을까 싶다. 홍차와 우유의 부드러운 조화에 쫀득한 타피오카 펄, 그리고 달콤한 시럽이 더해져, 한여름 무더위도 시원하게 가시게 하는 버블티의 원조가 바로 대만이기 때문이다.

버블티는 홍차에서 처음 시작되었지만 녹차, 우롱차, 보이차, 자스민차 같은 대부분의 잎차 종류는 물론, 두유와 생강차, 초콜릿 등 갈수록 다양한 음료가 버블티의 재료로 등장하고 있다. 또 바닐라나 캐러멜을 첨가하거나 단팥 등이 토핑으로 올라가기도 한다.

흑설탕에 타피오카 펄을 조린 뒤 우유에 넣어 마시는 흑당 버블티도 최근 몇 년 사이 큰 인기를 끌고 있다. 무궁무진한 버블티의 변신은 현재도 진행 중이다.

버블티를 마실 때는 먼저 차의 종류를 고른 다음, 취향에 따라 설탕과 얼음의 양을 조절하여 다양한 맛을 즐길 수 있다. 버블티에 익숙하지 않은 사람들이라면 그 종류가 메뉴판을 빼곡히 채울 정도로 많은 데다 주문 방법이 다소 낯설어 당황할 수도 있다.

버블티 전문점 〈칭신푸취안(清心福全)〉의 커스터마이징 메뉴.
얼음 온도(위)와 당도(아래)를 조절할 수 있다.
(칭신푸취안 홈페이지 갈무리)

대만의 메뉴판은 중국어로 되어 있고, 브랜드에 따라 사용하는 용어가 조금씩 달라서 부담스러울 수 있지만 키포인트가 당도와 온도의 선택에 있음을 알면 그만이다. 보통은 메뉴와 함께 표나 그림이 그려져 있으므로 간단한 한자 몇 개만 기억해두면 된다.

대만에서는 버블티의 원조 논쟁이 오랫동안 이어지기도 했다. 타이중에 있는 춘수이탕(春水堂)과 타이난에 있는 한린차관(翰林茶館)이 서로 먼저 개발했다고 주장하며 무려 10년이나 법적 다툼을 이어갔다.

2019년 법원이 버블티는 누구든 만들 수 있는 새로운 유형

한린차관의 36주년 기념 2022 이벤트 포스터. 한린차관의 36주년은 곧 버블티의 36주년이라고 홍보문구를 넣어 버블티의 원조임을 강조했다. (한린차관 홈페이지 갈무리)

춘수이탕 홈페이지에도
'버블티의 유래'라며
춘수이탕이 처음
만들었다는
설명이 적혀 있다.
(춘수이탕 홈페이지 갈무리)

의 음료일 뿐 특허상품이라 할 수 없으므로 누가 원조인가를 가리는 것은 무익하다는 판결로 일단락되었다.

춘수이탕이 1983년에 개업한 이후 1986년부터 버블티를 판매하기 시작했다고 홍보하고, 한린차관 또한 1986년에 처음 만들었다고 주장하는 것으로 보아 버블티는 1980년대 후반에 태어난 셈이다. 누가 먼저였든, 누군가 밀크티에 타피오카 펄을 넣어준 덕분에 고맙게도 전세계인이 즐기는 새로운 음료가 개발된 것이다.

버블티의 인기가 아무리 좋아도 대만인들이 가장 귀하게 여기는 전통차를 무시할 수 없다. 중국이 차의 종주국으로 알려져 있어서 대만의 차 문화를 그저 중국으로부터 파생

된 아류로 오해하는 경우가 있지만, 대만 역시 천혜의 재배 환경과 기술력으로 독자적인 차 문화를 구축함으로써 세계무대에서 대만차를 고급 차 이미지로 각인시키는 데 성공했다.

오늘날 대만의 차 문화는 중국 본토로부터 내려온 사람들, 그리고 원주민 외에 일본, 네덜란드, 영국 등 여러 나라의 다양한 영향이 고스란히 배어 있다.

대만에서는 공식 행사에서 손님을 대접하는 데 차가 사용되는 것은 물론, 연회에서 건배를 할 때 와인잔 대신 찻잔을 드는 것도 흔한 일이다. 차를 마시는 것이 사교 문화인데다 고급 차 종류가 워낙 다양해서 고가의 선물로도 많이 활용된다. 일상에서도 차 문화가 널리 발달되어 대중적인 차 전문 프랜차이즈나 편의점 또는 마트에서도 각종 차를 쉽게 구할 수 있다.

기록에 따르면 오늘날처럼 끓여 마시는 차 문화는 청나라 때 중국 본토에서 우이(武夷)차와 우롱(烏龍)차가 전해지면서 생겨났다고 한다. 청나라 가경제(嘉慶帝) 때 푸젠성(福建省)에서 건너온 이민자들이 우이차를 처음 심었고, 함풍제(咸豐帝) 때 임봉지(林鳳池)라는 사람이 '칭신우롱' 종자를 가져와 둥딩산(凍頂山)에 심은 것이 지금의 둥딩우롱차가 되었다고 한다. 대만과 푸젠성은 대만해협을 사이에 두고 같은 위도에 위치하고 있기 때문에 비슷한 재배 환경에서 우롱차를 생산할 수 있었을 것이다. 지금도 중국 푸젠성과 대만에서 만든 우롱차가 세계에서 가장 최고급으로 인정받고 있다.

대만은 차나무가 생장하기에 천혜의 자연환경을 갖추고 있어 평지에서 고산에 이르기까지 어디서든 차밭을 볼 수 있다. 섬이라는 환경, 그리고 중국 남단에서 불어오는 서남풍과 일본에서 불어오는 동북 계절풍이 차를 더욱 향기롭게 빚어준다. 국토에 산이 많은 덕분에 평지에서 재배되는 차보다 해발 1,000m 이상의 고도에서 자라는 고산차와 1,500m 이상에서 재배되는 고랭차 중에 특히 유명한 품종이 많다.

대만의 전통차로는 향미를 진하게 느낄 수 있는 둥딩우롱차, 잘 익은 과일 맛과 달콤한 꿀 향기가 나는 둥팡메이런(東方美人)차, 맑은 향의 가오산(高山)우롱차 등이 있다.

대만 사람들이 소비하는 차의 양만 해도 1년에 약 12,500톤은 족히 된다고 한다.

대만은 우롱차의 왕국이라는 별명이 붙을 만큼 우롱차로 명성이 높고 일월담(日月潭) 홍차 같은 유명한 홍차 종류도 많은 데 비해 녹차는 생각보다 인기가 덜 하다.

그 이유는 일제 강점기 당시, 녹차를 주로 수출하던 일본의 강압으로 대만에서는 녹차 이외의 다른 차를 주로 생산하였기 때문이라고 한다.

우리나라에 갈아서 만든 배 음료가 있는 것처럼 대만에는 레이차(擂茶)라는 이름의 '빻아 만든 차'가 있다. 한자 '擂'

레이차를 만드는 각종 재료와 다구

는 단단한 물건에 대고 '으깨는 것'을 뜻한다. 땅콩, 깨, 잣, 해바라기씨 등의 농작물과 찻잎을 절구에 넣고 곱게 빻아서 반죽처럼 만든 뒤에 물을 타서 섞어 마시는 음료로, 요즘은 오트밀이나 아몬드, 10곡 분말 등을 넣기도 한다. 또한 튀밥 같은 것을 토핑처럼 뿌리기도 하는데, 다양한 곡물이 들어가다 보니 미숫가루처럼 허기를 채우는 용도로도 마실 수 있다.

레이차의 역사는 17세기 중반 객가족이 중국 본토에서 대만으로 건너오면서 비롯되었다. 이들이 터전을 잡은 곳 중 하나가 대만 서북지역의 신주(新竹)인데, 신주에서도 베이푸(北浦)라는 작은 소도시에 객가인들의 집성촌이 있다. 베이푸 올드스트리트에 있는 대부분의 찻집에서 '레이차 DIY'라는 프로그램으로 직접 레이차를 만들어볼 수 있으니 이곳의 찻집에 가서 레이차를 맛보는 것은 물론 레이차를 직접 만들어보는 것도 멋진 추억이 될 것이다.

신주 지역은 또 둥팡메이런차(東方美人茶)의 산지이자 이 차를 처음 만든 것으로 알려진 장아신(姜阿新)의 집이 남아 있는 곳이기도 하다. 둥팡메이런이라는 멋진 이름은 영

둥팡메이런차

국의 빅토리아 여왕이 차의 맛에 감탄하며 '동방의 미인(Oriental Beauty)'과 같다고 표현한 데서 유래하였다고 한다. 기회가 된다면 이곳에서 레이차와 은은한 과일 향이 나는 둥팡메이런차를 마셔보는 것도 대만 여행의 소중한 추억이 될 것이다.

## 한류의 시작은 대만에서

대만 사람들은 한국의 대중문화를 가장 많이 즐기는 것으로 유명하다.

한국 대중문화의 세계적인 열풍을 뜻하는 '한류'라는 신조어를 처음 만들어 낸 곳, '한류'의 발생지이자 '한류' 확산의 거점이 바로 대만이다. 하지만 그 시작은 매우 미미했다.

한류문화향연
(출처: 한국관광공사
타이베이 지사)

1996년 피리웨이싱이라는 대만 남부지역의 작은 방송국에서 한국 드라마를 처음 방영하였다. 이후 방송되는 드라마마다 높은 시청률을 기록하자, 90년대 말부터는 주요 방송국에서 저녁 황금시간대에 한국 드라마를 경쟁적으로 방영하기 시작했다.

현재 대만 대부분의 채널에서 한국 드라마를 쉽게 볼 수 있으며, 한국 드라마와 연예 프로그램만을 집중적으로 방송하는 채널도 있다. 우리에게는 제목도 낯선 아침 드라마와 일일드라마에서부터 최근 인기 드라마까지 그 종류도 다양하다.

피리웨이싱 방송국에서 한국 드라마를 처음 방영한 이유는 구매 가격이 일본 드라마보다 저렴하고, 시청률에 대한 부담감이 없었기 때문이었다고 한다.

대만에서 한국 드라마의 첫 방영은 이처럼 미미하게 시작되었지만, 한국 드라마들이 대만인에게 한국에 대한 좋은 이미지를 심어주게 되었고, 이는 더 많은 한국 드라마와 영화의 소개로 이어져 한류가 확산되는 마중물이 되었다.

최근 한류 드라마의 또 다른 유행은 넷플릭스라는 OTT 서비스에서 찾아볼 수 있다. 넷플릭스를 통한 〈오징어 게임〉, 〈이태원 클라스〉, 〈사랑의 불시착〉, 〈지금 우리 학교는〉 등의 한국 드라마들이 대만의 시청률 순위에서 늘 상위권을 차지하고 있다. 그리고 드라마의 흥행은 드라마 주인공들의 스타일링을 따라하는 유행으로 이어지고 있다.

대만 젊은이들이 모이는 둥취(東區) 쇼핑거리에 가보면, 매

한류 드라마를 배경으로 사진 촬영하는 대만 사람들
(출처 : 한국관광공사 타이베이 지사)

장마다 한국 스타일, 드라마 주인공의 가방, 귀걸이, 신발 등의 소품들이 불티나게 팔리고 있다. 또한 드라마 속 출연 배우의 화장법이 대만 젊은이들 사이에서 크게 유행하여 대만의 새로운 트랜드로 자리 잡았다.

타이베이 대표 중심가인 시먼딩(西門町) 거리에도 한국 패션 상점이 즐비하고, 한국 연예인을 모델로 한 광고물들을 흔히 볼 수 있으며, 한국 음식점도 적지 않다. 특히 곳곳에서 흘러나오는 한국 가수들의 노래를 들으면 '서울 한복판에 서 있는 것이 아닌가?' 착각하게 된다.

한국관광공사 타이베이 지사는 2021년 4월 대만인에게 한국 관광 홍보를 위해 한국의 신작 영화와 드라마를 소개하는 '한류문화향연' 행사를 주최하였다.

이 행사 전에 참가자를 모집했는데, 하루 만에 모집 인원의 3배에 달하는 사람들이 신청하여 코로나 팬데믹 상황에서도 한류의 인기가 뜨겁다는 것을 재확인할 수 있었다. 또한 각종 한국 문화와 한식을 즐길 수 있는 '달려라 한식 버스'라는 홍보 행사를 개최하였다.

4일간의 행사기간 동안 1만 2천 명이 넘게 참여했고, 약 2

달려라
한식버스
(출처: 한국관광공사
타이베이 지사)

천 명이 한국 관광 상품을 예약하였다고 한다. 대만에서 이러한 분위기가 고조되자 현지 언론들은 "이제 일본문화의 시대는 저물고, 한국의 대중문화가 아시아 전체를 지배하고 있다!"고 보도하였다.

대만에서 실시한 어느 설문조사 결과에 의하면 대만의 젊은 층 90% 이상이 한국의 대중문화를 즐기고 있다고 한다. 2000년 전후에 태어난 세대는 자신들의 부모님과 함께 우리나라의 드라마 〈명성황후〉, 〈대장금〉, 〈내 이름은 김삼순〉 등을 보고 자랐을 것이다. 이들이 한국 드라마 주인공들에게 커다란 관심을 갖고 한국 예능 방송프로그램을 찾아보게 되었고, 점차 관심의 범위가 한국 문화로 넓어지게

> **대만 주요 언론들의 한류에 대한 평가**
>
> * 창작사 : 2022년을 계기로 대만 속 일본의 대중문화를 한국이 완전히 밀어냈다. 1970~90년대 일본 문화가 아시아 시장을 장악했다면, 한국문화는 2000년대 초반을 시작으로 아시아를 넘어 이제는 세계를 정복하고 있다.
>
> * 중앙방송국 : 한국의 소프트파워가 천하를 주름잡고 있다. 언제부턴가 아침에 BTS 노래를 들으며 출근하고, 저녁에는 넷플릭스에서 한국 드라마와 영화를 즐기고, 주말에는 한국 음식점을 찾는 것이 자연스러운 일상이 되어버렸다.

되었다. 한류 스타들이 등장하는 잡지에는 '한국어 배우기 코너'가 수록되어 있는 등 한류가 한국어 학습으로 이어지고 있다.

대만에서 과거에는 제2외국어로 일본어를 주로 배웠지만, 이제는 한국어가 일본어의 자리를 넘어섰다. 특히, K-팝 스타를 좋아하는 일부 대만인들은 한국어를 배워 원곡 그대로 따라 부르는 것을 자랑스럽게 생각하기도 한다. 이것은 우리나라 기성세대가 젊은 시절 팝송을 들으며 영어 공부를 한 것과 비슷한 현상일 것이다.

한류의 확산과 더불어 대학 입시에서도 한국어학과의 인기가 높아지고 있다. 현재 타이베이와 가오슝에서 한국학교가 운영 중이며, 제2외국어로 한국어를 선택한 대만의 고등학교도 400곳 이상으로 늘어났다.

문화대학(文化大學)과 정치대학(政治大學) 등에서 한국어 학과를 개설하였으며, 그동안 영어와 일본어만 교육하던 외국어 학원들도 한국어 교육시장에 적극적으로 참여하고 있다.

### 대만에서도 중국어를 쓰나요?

학교에서 수업을 하다 보면 학생들에게 "선생님, 대만에서도 중국어를 쓰나요?"라는 질문을 자주 받는다. 당연히 대답은 "대만에서도 중국어를 사용한다."이다.

그럼 대만에서 사용하는 중국어와 대륙에서 사용하는 중국어는 똑같을까?

대만에서는 표준어를 '궈위(國語)'라고 부르지만 대륙에서는 '푸퉁화(普通話)'라고 부른다. '궈위'와 '푸퉁화'는 성조, 어휘 등의 작은 차이를 제외하고 큰 차이는 없다. 텔레

1. 같은 뜻 다른 어휘

| 뜻 | 대륙 | 대만 |
|---|---|---|
| 지하철 | 地铁 [디테] | 捷運 [제윈] |
| 요거트 | 酸奶 [쑤안나이] | 優格 [요우거] |
| 캠핑카 | 房车 [팡처] | 露營車 [루잉처] |
| 인공지능 | 人工智能 [런공즈넝] | 人工智慧 [런공즈훼이] |

2. 같은 어휘 다른 뜻

| 단어 | 대륙 | 대만 |
|---|---|---|
| 土豆 [투떠우] | 감자 | 땅콩 |
| 公車 [꿍처] | 공무집행 차량 | 버스 |

비전이나 신문, 라디오 등 공식 매체에서도 대만은 '궈위', 대륙은 '푸퉁화'를 사용하고 있기 때문에 큰 어려움 없이 서로 소통이 가능하다.

그런데 '푸퉁화'를 할 줄 아는 사람인데도 대만에 가면 종종 대만 사람들이 무슨 말을 하는지 못 알아듣겠다고 말하는 경우가 꽤 있다.

그 이유는 무엇일까?

대만 사람들은 일상생활에서 '궈위'와 더불어 소위 '대만어'라 불리우는 '타이위(臺語)'를 많이 사용한다. '타이위'란 중국의 방언 중 하나인 '민난위(閩南語)'의 일종으로 대만의 긴 역사에서 사실은 '궈위'보다 더 오래 쓰인 언어이며, 표준어와는 의사소통이 안 될 정도로 큰 차이가 있다. 그렇다면 '푸퉁화'와 '타이위'는 도대체 얼마나 다른 것일까?

우선 '푸퉁화'는 4개의 성조가 있는데 '타이위'는 7개의 성조가 있고 어휘와 어순도 다르기 때문에 서로 멀뚱멀뚱 바라볼 정도로 소통하기가 어렵다.

3. 같은 어휘 / 다른 발음

| 어휘 | 푸퉁화 발음 | 타이위 발음 |
|---|---|---|
| 好, 좋다 | 하오 | 호우 |
| 韓國, 한국 | 한궈 | 한꼭 |
| 妹妹, 여동생 | 메이메이 | 메이야 |
| 一, 二, 三, 四<br>1, 2, 3, 4 | 이, 얼, 싼, 쓰 | 짓, 지, 싼, 시 |

4. 같은 뜻, 다른 어휘 / 다른 발음

| 어휘 | 푸퉁화 | 타이위 |
|---|---|---|
| 그 | 他 [타] | 伊 [이] |
| 무엇 | 什么 [선머] | 啥麼 [샤미] |
| 맞아! | 对呀! [뛔이야] | 嘿呀! [헤이야] |

우리말로 "나는 너를 사랑해"를 푸퉁화로는 "워 아이 니", 타이위로는 "와 아이 리"라고 한다. 이처럼 서로에게 외국어와 같이 들리기 때문에 소통이 불가능할 정도로 큰 차이를 보인다.

중국에서 어린아이들이 모국어를 배울 때나, 외국인들이 중국어를 처음 배울 때 접하는 것이 중국어의 발음기호인 '한어병음(漢語拼音)'이다.

| 한어병음 | 주음부호 |
|---|---|

지금은 대만을 읽을 시간

중국의 문자인 한자는 뜻을 나타내는 표의문자여서 발음을 나타낼 수 없기 때문에 로마자 알파벳을 빌려와 한자의 발음을 표기하는데, 현재 중국에서는 이 '한어병음'을 이용하여 컴퓨터 타자를 치거나 휴대폰 메시지를 보낸다.

그런데 대만에서는 '주음부호(注音符號)'라는 발음기호를 사용한다. 중국어 인사인 '니하오(你好)'의 발음을 '한어병음'으로는 [Nǐ hǎo]로 쓰고, 주음부호로는 [ㄋㄧˇㄏㄠˇ]로 쓴다. 발음은 '니하오'로 같지만 완전히 다른 표기 방법을 사용하는 것도 큰 차이 중에 하나다.

대만에서는 한자의 발음기호로 '주음부호'를 사용하기 때문에 대만에서 중국어를 배우려면 '주음부호'를 공부하는 것이 도움이 된다.

대만에서는 우리나라에서 사용하고 있는 한자 형태인 '번체자'를 사용하고 있으며 자신들의 공식 문자를 '정자(正字)' 혹은 '정체자(正體字)'라고 말한다.

그렇다면 대륙의 상황은 어떨까?

대륙에서도 역시 이전에는 '번체자'를 사용했지만 글자가 워낙 복잡한 모양이기 때문에 사람들이 배우는 데 어려움을 느꼈다. 자연히 문맹률이 높아지는 원인 중 하나가 되었고, 중국 정부에서는 이러한 문제점을 해결하기 위해 신중국 성립 이후, 문자 개혁사업을 시작하였다.

그리하여 복잡한 '번체자'를 비교적 간단한 형태의 '간화자(簡化字)'로 탈바꿈시켰다. 그래서 현재 중국 대륙에서 사용하고 있는 공식 문자는 '간화자'다.

그러나 대만은 지금까지 변함없이 '정자'를 사용하고 있으며, 이 '정자'에 대한 자부심과 사랑이 대단하다.

'사랑하다'라는 뜻의 한자인 '사랑 애'자에 해당하는 정자와 간화자를 비교해 보면 그 차이를 알 수 있다.

대만에서 사용하는 '사랑 애(愛)'는 왼쪽의 '정자'다. 이 글자를 대륙에서 간화시킨 후에, 오른쪽과 같은 모습의 '간화자'가 되었다. 같은 뜻을 가진 글자이지만 두 지역에서 사용하고 있는 글자의 모양이 다르다는 것을 알 수 있다.

| 정자 | 간화자 | 뜻 |
|---|---|---|
| 愛 | 爱 | 사랑하다 |

대륙에서는 한자의 획순과 모양을 단순화시켜 사람들이 한자에 대해 느끼는 어려움이 많이 해소되었고 문맹률을 낮추는 데도 큰 효과를 얻을 수 있었다.

그렇지만 간화자가 의미를 나타내는 표의문자인 한자 본래의 가치를 훼손시킨다는 주장도 있다. '愛'자의 경우 정자에는 '마음 심(心)'이라는 한자가 있는데 간화자에서는 생략되었다. 글자에 담긴 사랑하는 마음이 사라져 버린 것이다. 그래서 한자가 담고 있는 깊은 뜻이 사라졌다고 아쉬움을 토로하는 중국 사람들도 많다.

그러나 간화자가 아닌 정자를 사용하는 대만 사람들은 표의문자인 한자 고유의 형태가 가지고 있는 우수성을 자랑스러워하며 한자에 대한 자부심이 매우 높다.

## 이 영화를 보면 대만이 보인다

대만 여행을 다녀오는 사람들이 사 오는 선물 중, 애주가라면 꼭 사 오는 것이 바로 '진먼고량주'다. 이 술의 가장 높은 알코올 도수는 무려 58도나 된다.

진먼 섬은 바로 이 진먼고량주의 고향으로, 중국 대륙 남부의 샤먼(廈門)에서 불과 10km도 떨어져 있지 않은 양안-중국 대륙과 대만 사이-의 최전방이다. 샤먼 남부 해안에서 포격하면 포탄이 날아가 닿을 수 있을 정도로 거리가 매우 가깝다.

중국 인민해방군은 1958년 8월 23일, 459문의 포를 해안에 배치한 후, 80여 척의 군함과 200여 대의 전투기를 동원하여 진먼섬을 포격하였다. 약 40여 일 동안 양측은 60만 발의 포탄을 서로에게 날렸을 뿐 아니라, 이후 20여 년 동안 간헐적으로 포격이 이어졌고, 1981년에야 비로소 포격이 완전히 멈추었다.

우리가 지난 70여 년 동안 줄곧 북한과 긴장 상태인 것처럼, 대만도 수십 년간 전쟁 중이었던 셈이다. 양안 관계의 긴장 속에 1949년부터 시작된 군사계엄은 40여 년 동안 유지된다. 이 계엄령은 '반공'의 기치를 높이 들었기에, 대만의 영화계 역시 자유로운 창작의 세계를 펼치지 못하고 오랜 시간 '반공' 홍

진먼 고량주

보 영화에 많은 공을 들일 수밖에 없었다. 그러다가 1987년에야 대만 섬이, 그리고 1992년에야 마주(馬祖) 열도와 진먼 섬이 계엄에서 해제되었고, 대만의 영화도 비로소 조금씩 그 예술성을 발휘하기 시작한다.

계엄 해제 후, 정치적 이유 등으로 금기시되었던 주제 및 대만 일반 민중의 소소한 일상을 담은 주제를 다룬 '뉴 웨이브(new wave)' 영화들이 잇달아 상영되며 대만 영화의 예술성이 세계의 주목을 받았다.

뉴웨이브 영화라는 평가를 받은 최초의 영화는 1982년 상영된 〈광음적고사(光陰的故事)〉다. 이 영화 이후 제작된 뉴웨이브 영화는 대만의 정치·역사와 궤를 함께하며, 대만 민중의 과거와 현재, 미래를 성찰하였다는 평가를 받았다.

뉴웨이브 영화는 세트나 그래픽보다는 사실적인 기법을 많이 사용하고, 그 이전 영화에서는 잘 다루지 않았던 민중의 생생한 삶의 모습을 그려냄으로써 예술성을 인정받았다. 그 결과 〈비정성시〉와 〈애정만세〉는 베니스 국제영화제에서 황금사자상을 받았고, 〈하나 그리고 둘〉은 칸 영화제에

◇ 뉴웨이브 사조의 대표적인 감독과 영화 ◇

- 허우샤오셴(侯孝賢) 감독의 〈비정성시(悲情城市)〉

- 에드워드 양(Edward Yang, 楊德昌) 감독의
  〈해탄적일천(海灘的一天)〉,
  〈고령가 소년 살인사건(牯嶺街少年殺人事件)〉,
  〈공포분자(恐怖分子)〉,
  〈하나 그리고 둘(A One and a Two)〉

- 차이밍량(蔡明亮) 감독의 〈청소년 나타(靑少年哪吒)〉,
  〈애정만세(愛情萬歲)〉

- 리안(李安) 감독의 〈결혼 피로연(喜宴)〉,
  〈음식남녀(飮食男女)〉

서 감독상을 수상하였으며, BBC 선정 '21세기 위대한 영화 100편' 중 8위를 차지하는 등 괄목할 만한 업적을 이루었다.

금기를 다룬 대표적인 영화는 1989년에 상영한 허우샤오셴의 〈비정성시〉-슬픔의 도시-인데, 1945년 해방 당시의

대만 상황을 잘 그려낸 작품이다.

이 영화는 우리에게도 잘 알려진 배우 량차오웨이(梁朝偉)의 첫 주연 영화로, 해방과 국민당의 대만 섬 진주, 그리고 '2.28 사건' 등을 겪는 한 가족의 이야기다.

영화 제목만으로도 당시 대만에 살던 민중들에게는 일제로부터의 해방이 그저 기쁜 일만은 아니었으며, 하루하루 슬프고 힘든 일이 계속되는 격변의 나날이었음을 알 수 있다.

이 영화가 가장 주목받은 점은 '2.28 사건'을 공식적으로

영화 〈비정성시〉 포스터

타이베이 2.28 평화공원

다루었다는 것이다.

'2.28 사건'은 〈비정성시〉가 제작되기 전까지 계엄 통치 기간, 아무도 공개적으로 언급하지 못했던 금기의 영역이었다.

〈비정성시〉는 일본의 항복 이후 지우펀에 살던 린(林)씨 집안 4형제의 이야기를 그리는데, 일제의 강제징병에 이어 친일파라는 무고로 인한 옥살이, 2.28 사건에 따른 정부의 탄압 등으로 네 형제 모두 사망하거나 실종되거나 정신병을 앓게 되는 비극적인 결말을 그리고 있다. 이 영화는 20세기를 살아온 대만 민중들의 삶의 모습을 은유적으로 표현하였다는 평가를 받았다.

## '2.28 사건'이란?

1945년 일제의 패망으로 대만의 주권은 일본에서 중화민국으로 이양된다. 하지만 국민당 정부는 한창 진행 중이던 국공내전으로 인해 대만을 제대로 관리하지 못하였기에 일제로부터 해방된 대만에서 일어난 변화는 일본인이 차지하고 있던 고위 관직이 중국 본토에서 넘어온 외성인으로 대체된 수준에 불과했다.

외성인들은 원래 거주하던 본성인을 차별대우하였고, 본성인들의 불만은 쌓여만 갔다.

1947년 2월 27일, 타이베이의 노점에서 담배를 판매하던 린장마이라는 여인이 외성인 경찰에게 구타당하는 사건이 발생한다. 당시 담배는 국가 전매품으로 지정되어 있었는데, 허가받지 않은 판매라는 이유로 경찰이 그녀를 과격하게 폭행하였다. 이에 사람들이 경찰서로 몰려가 격렬히 항의하자 경찰이 발포하였다.

경찰의 총탄에 시민이 피격, 사망하는 사건이 발생하였고, 이 소식은 이튿날인 28일 신문을 통해 보도되었다. 이에 격분한 타이베이 군중의 대규모 시위가 일어나자 대만 행정장관 천이(陳儀)는 계엄령을 선포하였다. 계엄이 선포된 후 본성인이 대만 전역에서 무장봉기를 일으켰고, 이에 국민당 행정부는 중국 본토에 군사 지원을 요청한 후 군사 작전을 감행하여 자국민을 토벌하였으며, 결과적으로 수만 명이 희생당했다.

대만 사람들의 일상을 다룬 대표적 영화로는 에드워드 양의 〈하나 그리고 둘〉이 있다. 에드워드 양 감독은 자신의 영화적 목표를 "타이베이 사람들의 모습을 그려내는 것"이라고 말했을 정도로, 영화를 통해 사람들의 일상을 소개하고 싶어 했다. 〈하나 그리고 둘〉은 타이베이라는 급속도로 발전한 대도시에서 살아가는 한 가정의 일상을 따라가는, 평이하면서도 소소한 이야기다. 이 영화는 '결혼식, 첫사랑, 출생, 연애, 만월(滿月, 아기가 태어난 후 한 달이 되는 날 축하하는 잔치), 살인, 장례'의 단계를 밟으며 인생의 순

영화 〈하나 그리고 둘〉 포스터

환 서사를 그리고 있다.

등장인물들은 모두 기술 발전의 첨단을 달리는 대도시 타이베이에 살지만, 여전히 무속을 믿으며 규율에 통제와 억압을 받기도 하고, 사랑하는 것 같지만 드러나게 혹은 자신도 모르게 상대를 속이는 거짓을 반복한다.

감독은 의도적으로 '사람의 뒷모습 사진만 집중적으로 찍는' 어린 양양의 대사를 통해 이 모든 모순을 드러내고자 한다. 양양은 '보이는 것'만 믿고, '보이지 않는 것'을 믿지 않는 캐릭터로, 뒷모습을 찍어서 '스스로 보지 못하는' 당사자에게 절반의 진실을 보여주고자 노력하는 것으로 표현된다.

대만의 뉴웨이브 영화는 오랜 세월 억압된 예술혼의 표출이라고 생각되지만, 대만만의 모습은 아니라는 느낌도 강하게 든다. 예술은 인생, 그중에서도 인간의 내러티브가 반영된 것이기에, 한 번쯤 대만의 뉴웨이브 영화를 통해 우리의 삶을 되돌아보는 것도 의미 있는 일이라 생각한다.

## 대만에서는
## 어떤 교통수단이
## 편리한가요?

여행객들에게 대만에서 가장 많이 이용하는 교통수단이 무엇이냐고 묻는다면 단연코 지하철을 꼽을 것이다. 대만의 동서남북을 사통팔달로 이어주는 아주 편리하고 이용이 쉬운 교통수단이기 때문이다. 게다가 대만의 지하철은 세계에서 인정하는 한국의 지하철과 비교해도 손색이 없을 만큼 최신 설비를 갖추고 있으며 깨끗하다.

대륙에서는 지하철을 '디톄(地鐵)'라고 부르는 것과 다르게 대만에서는 '제윈(捷運)' 또는 'MRT'(Mass Rapid Transit)라고 부른다.

그렇다면 왜 대만에서는 다른 명칭을 사용할까?

대만에서는 지하철과 함께 철도 역시 활발히 운행되고 있는데, 꽤 많은 지역의 철로와 철도역을 지하화하였다. 이렇게 지하화된 철도와 지하철의 혼동을 방지하고 구분하기 위해서 다른 명칭을 사용하기 시작하였다.

전철을 설계할 때 사람들이 많이 이용하는 도시 중심가를 벗어난 지역에서는 경비를 줄이기 위해 지상에 철로를 건설하는 경우가 많은데 대만 역시 마찬가지다.

지상으로도 다니는 교통수단의 이름이 지하철의 뜻과 맞지 않는다고 여겨 단순하게 '재빠른 운송수단'이라는 의미의 '제윈'이라고 부르게 되었다.

그 중 가장 대표적인 것이 타이베이의 지하철이다.

타이베이에서 지하철을 이용할 때는 토큰, 교통카드, 모바일 결제 앱인 '이지 월렛(Easy Wallet)'을 모두 이용할 수 있다.

지하철 개찰구 앞에 설치되어 있는 지하철 토큰 기계에서 가고자 하는 목적지를 선택한 다음 현금을 넣으면 토큰으로 교환되어 나온다. 우리나라에서 지하철 승차권을 구매하는 것과 거의 동일한 방식이다.

대만의 지하철 토큰은 플라스틱 소재로 역마다 색이 다르고 동그랗고 장난감 같은 모양을 하고 있는데, 이 토큰을 사용해서 지하철을 이용해보는 것도 재미있는 경험이 될 것이다.

그러나 대만의 지하철을 탈 때는 교통카드를 이용하는 것이 가장 좋다. 이것은 '유유카(悠游卡)'라는 이름의 선불 교통카드인데, 편의점이나 지하철역에서 쉽게 구매하거나 충

대만 지하철 토큰

유유카

전이 가능하다. 유유카를 추천하는 가장 큰 이유는 이 교통카드 한 장으로 지하철, 버스, 철도 등의 교통수단은 물론 패스트푸드점이나 레스토랑 등 음식점에서도 이용이 가능하며, 사용하는 횟수가 많을수록 할인율이 올라가는 장점이 있기 때문이다. 또한 정기권으로 구매 시, 30일 동안 횟수에 상관없이 마음껏 지하철을 이용할 수 있다. 다만, 구매 시 보증금으로 100위안(한화 4,300원 정도)을 지불해야 한다. 보증금은 카드를 반납하면 다시 돌려받을 수 있다.

최근에는 모바일 시대답게 모바일 결제 시스템인 'Easy Wallet'을 이용하기도 한다. 아직 모바일 결제 시스템이 보편화되어 있는 것은 아니지만 점차 사용하는 사람들이 늘어나고 있다.

이제 타이베이의 지하철을 이용해 보자. 가장 주의할 점은 우리나라와는 다르게 대만의 지하철에서는 음식은 물론 물도 섭취할 수 없다는 것이다. 만약에 이 규정을 어길 시, 한화 10만 원 정도의 벌금을 물어야 한다.

대만의 각 지하철역에는 역마다의 특징을 새긴 스탬프가 있다. 이것은 대만의 지하철을 더욱 사랑하고 한 번이라도 더 이용하게 만드는 아주 매력적인 요소이다.

대만으로 여행을 계획하고 있는 사람이라면 작은 지하철 스탬프북을 미리 준비하여 들르는 역마다 각 역을 상징하

대만 시정부역 스템프

는 스탬프를 찍어보는, 소소하지만 색다른 여행의 재미를 느낄 수 있다.

대만에서 현지인들이 '제윈' 다음으로 많이 이용하는 교통수단으로는 무엇이 있을까?

대만에서 버스는 활발하게 운행되고 있고, 많은 사람들이 이용하기는 하지만 여행객이 이용하기에는 다소 불편하다. 그 이유는 버스의 배차시간이 비교적 길고, 요금 지불 방법도 다양해서 어떤 버스는 탈 때, 어떤 버스는 내릴 때, 어떤 버스는 타고 내릴 때 모두 요금을 지불한다. 그리고 현금으로 지불할 경우 거스름돈을 주지 않기 때문이다.

대만 현지인들이 즐겨 이용하는 교통수단은 '스쿠터'다. 대만은 인구수 대비 스쿠터 이용 비율이 상당히 높다. 대만의 총인구는 약 2천3백만 명인데, 2021년 말 통계에 따르면 대만의 중형 스쿠터 보유량은 약 1,380만 대로 인구의 약 60%에 달한다. 거의 모든 성인 인구가 스쿠터를 한 대씩 소지하고 있다고 해도 과언이 아니다.

그렇다면 대만인들이 스쿠터를 이처럼 애용하게 된 원인이 무엇일까?

면적이 좁은 것이 큰 이유 중 하나다. 인구밀도가 높고 도로가 좁아 승용차를 이용하는 것이 매우 불편하다. 특히 출퇴근 시간에 발생하는 교통 체증이 극심하기 때문에 스쿠터를 이용하기 시작하였다.

러시아워 시간대나 대학가 주변에서 일명 스쿠터 대군을 만날 수 있는데, 워낙 많은 사람들이 스쿠터를 이용하여 대규모로 이동하다 보니 그 모습을 빗대어서 우리나라에서는

스쿠터 대군

'스쿠터 대군'이라고 표현하기도 한다.

대만 도심부에서 지하철이 주요 교통수단이라면 지역과 지역을 잇는 것은 기차다. 대만의 기차는 대만의 동쪽과 서쪽, 남쪽과 북쪽을 이어주는 편리한 교통수단이다. 대만의

기차는 크게 고속 열차인 '가오톄(高鐵)'와 일반 열차인 '타이톄(臺鐵)'로 나뉜다.

가오톄는 TSHR로도 불리며 우리나라의 KTX와 같다. 2007년 개통되었으며 2025년 기준 총 12개의 역이 있다. 타오위안(桃園) 공항에서 이 고속 열차를 타고 15분~20분이면 타이베이 시내에 도달할 수 있으니 매우 빠르고 편리하다.

기차표 예매는 인터넷 홈페이지나 모바일에서도 가능하며, 직접 기차역에 가서 매표기를 이용하거나 매표소에서 구매할 수 있다.

## 대만에서 가장 많이 사용하는 앱은 무엇일까?

우리나라에서 인스턴트 메신저 중 가장 높은 점유율을 차지하고 있는 플랫폼은 카카오톡이다.

그렇다면 대만에서는 어떤 인스턴트 메신저를 주로 사용할까?

대만 사람들은 라인(LINE)을 가장 많이 사용하는데, 인스턴트 메신저 중 라인의 점유율은 무려 95.7%에 달한다고

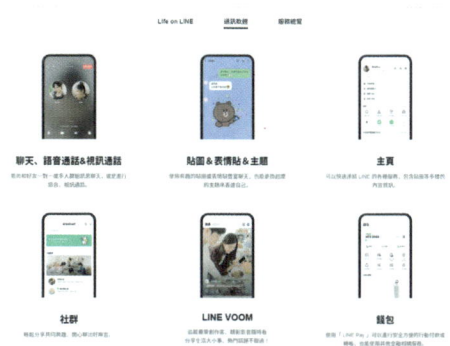

메신저, 라인 프렌즈 스티커, 라인 페이 등 다양한 분야로
서비스를 확장한 라인(출처: 라인 타이완 홈페이지)

한다. 현재 라인은 뉴스, TV 등 다양한 방면에서 서비스를 제공하고 있으며, 2021년에는 라인뱅크를 출시하여 더욱 폭 넓은 서비스를 제공하고 있다.

라인 이외에도 대만 사람들은 페이스북 메신저, 인스타그램 등을 많이 사용한다.

대만 사람들이 자주 사용하는 플랫폼에는 어떤 것이 있을까?

먼저 검색을 하거나 뉴스 등 생활 속 다양한 정보를 찾을 수 있는 포털사이트를 살펴보자.

대만 사람들이 주로 사용하는 플랫폼은 구글(www.google.

com.tw)과 야후 타이완(www.tw.yahoo.com)이 대표적이다. 일반적으로 자료 검색은 구글을 많이 이용하고, 뉴스를 보거나 커뮤니티 활동을 할 때는 야후 타이완을 주로 이용한다.

위치 검색과 길 찾기는 구글 지도를 많이 이용하고 있다. 구글 지도는 길 찾기 안내뿐만 아니라 버스, 지하철 노선부터 배차 시간표까지 자세하게 안내해 준다. 또한, 내가 위치한 주변의 상세 정보 안내와 내비게이션 서비스까지 제공하기 때문에 대만 사람들이 편리하게 이용한다.

대만 사람들이 선호하는 택시 이용 앱으로는 '55688'이 있다. 타이완택시의 호출 전화 번호인 '55688'은 재미있는 뜻이 있다. 중국어로 숫자 5(wǔ)의 발음은 '나(我 wǒ)'와 비슷하고, 숫자 6(liù)은 '흐르다, 순조롭다(流 liú)'와 비슷하다. 특히 숫자 8(bā)은 '돈을 벌다(發財 fācái)'의 '발(發)'과 발음이 비슷해 아주 좋아한다. 그래서 '55688'은 '돈을 많이 벌고, 운이 좋아진다.'라는 의미로 해석할 수 있다.

"이 택시를 타면 큰돈을 벌고 운이 좋아진다!"는데 어찌 이용하지 않겠는가?

택시 이용 앱은 '55688' (출처 : apple 앱스토어)

쇼핑 앱으로는 샤피(shopee.tw, 蝦皮購物)를 가장 많이 사용한다. 샤피는 동남아시아와 대만의 가장 큰 온라인 쇼핑 플랫폼이다.

샤피의 인기 요인은 크게 두 가지다.

첫째, 무료배송 쿠폰을 자주 발송한다.

둘째, '선수령 후지불' 시스템으로 자신이 구매한 물건을 자신이 원하는 곳에서 받고 물건 값을 지불한다. 만약 내가 구입한 물건을 근처 편의점에서 받고 싶다면, 편의점에서 물건을 받고 결제할 수 있다. 이러한 참신한 마케팅 때

샤피 홈화면　　　　샤피 앱의 배송비 무료 쿠폰 발송
(출처: 샤피 모바일 앱)　　이벤트 화면 (출처: 샤피 앱)

문에 대만에서 샤피는 소비자들의 많은 사랑을 받고 있다. 대만에서 음식 배달은 우버이츠(Uber Eats)와 푸드 판다(Food Panda)를 많이 이용한다. 우버이츠는 미국 샌프란시스코에서 시작된 플랫폼인데, 최소 주문 금액 제한이 없다는 장점을 가진 배달 앱이다. 기호에 따라 선택할 수 있는 음식의 종류를 다양하게 확보하고 있으며, 음식을 주문한 후 실시간으로 배달 위치를 파악할 수 있다.

또한 가입 후 한 달간의 배달비 무료 혜택은 처음 우버이츠를 이용하는 사람들에게 아주 큰 매력이 아닐 수 없다. 푸드 판다는 싱가폴에서 시작한 배달 앱 플랫폼으로 현재는 베를린에 기반을 둔 딜리버리 히어로(Delivery Hero)가 운영하고 있다.

푸드 판다는 음식 배달 이외에 간단한 장보기 서비스도 제공하고 있다. 또한 한 달 동안 회비를 내고 일정 금액의 음식을 주문할 경우 배달비가 무료이기 때문에 많은 이들이 푸드 판다를 즐겨 이용한다.

이 밖에도 대만에서는 우리나라에서 볼 수 없는 앱이 하나 더 있다. 바로 '파퍄오춘저(發票*存摺*, 영수증 통장)'이다.

대만에서는 탈세를 막기 위해 물건을 구입한 후 받는 영수증 번호를 복권으로 사용하고 있다. 영수증 복권 추첨일은 홀수 달 25일로, 1월과 2월에 구입한 영수증은 3월 25일,

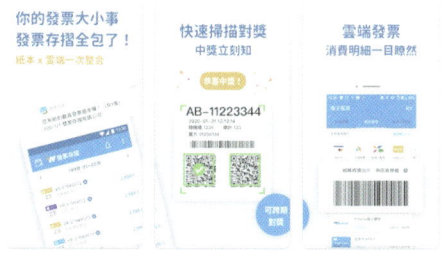

영수증 통장 앱(출처 : 구글플레이스토어 캡처)

3월과 4월 구입한 영수증은 5월 25일에 추첨한다. 내가 구입한 영수증 복권이 당첨됐는지 알아보기 위해서 사용하는 것이 바로 파퍄오춘저 앱이다. 영수증에 있는 QR코드나 바코드를 찍으면 바로 당첨 여부를 확인할 수 있다.

이 앱의 또 다른 매력은 저장이 번거로운 영수증을 월별로 저장을 해줄 뿐 아니라, 나의 소비성향을 분석해주는 비서 역할까지 해준다는 점이다.

## 대만 MZ세대는 어떤 직업을 선호할까?

대만은 잘 갖춰진 여행 인프라와 다양한 볼거리, 저렴한 물가로 현지 문화와 음식을 체험하기 좋아 한국인이 선호하는 여행지로 손꼽힌다. 여행지로서 매력이 많다 보니 아예 대만에 눌러앉아 볼까 생각하는 사람도 더러 있다.

그러나 여행과 현실은 다르고, 특히 임금과 생활비가 걸림돌이 될 수도 있다.

우리나라 직장인들이 흔히 "내 월급만 빼고 다 오른다!"는 말을 하지만 대만도 임금 대비 물가 수준이 매우 높은 편이다. 2025년 대만의 최저임금은 시간당 190위안으로 한화로 약 7,900원 수준(한국은 10,030원)이다.

최저임금을 기준으로 한 대만의 월급이 28,590위안(한화 약 1,193,000원)이며, 2025년 대만의 대졸 초임 평균 월급은 약 33,713위안(한화 약 149만원) 선이다.

그렇다면 대만의 물가수준은 어느 정도일까?

스타벅스의 카페라떼 가격으로 산정한 '스타벅스 지수'에 의하면 2024년 기준 4.86달러로 세계에서 11번째로 높았

가격 비교 서비스 파인더(Finder)가 발표한 2024 스타벅스 지수

다. 우리나라가 4.11달러로 세계 28위인 것에 비해 꽤 높은 편이다.

다만 최저임금이 우리보다 낮으므로 구매력을 기준으로 비교하면 대만의 물가 부담이 상대적으로 높다고 볼 수 있다. 그리고 글로벌 통계사이트 넘베오(NUMBEO)에 의하면 뉴욕을 100으로 하여 산출한 대만의 생활물가지수는 2025년 기준 44.4로 47위, 한국은 세계 56.5로 세계 26위이다. 대만의 물가가 한국보다 대략 21% 정도 낮은 셈이다. 이 역시 임금 수준을 함께 고려한다면 한국보다는 약간 높다. 타이베이 도심의 작은 원룸 월세가 한화로 80만 원에서 100만 원 정도라니 이 역시 만만치 않은 수준이다.

대만의 직업별 급여 수준은 어느 정도이고 선호하는 직업은 무엇일까?

대만의 채용 플랫폼 '1111인력은행'이 발표한 2021년 고임금 직업 1위는 파일럿으로 월 급여가 13만 위안(한화 약 559만 원)이다. 2위에서 6위는 모두 의사가 차지했다. 내과 의사, 치과 의사, 마취과 의사, 중의사, 성형외과 의사 순으로 월 급여가 11만 위안(한화 약 473만 원)에서 6만 위안(한화 약 258만 원)으로 나타났다.

그 다음으로 아날로그 IC 설계 엔지니어, IC 설계 엔지니어, 디지털 IC 설계 엔지니어가 나란히 7위에서 9위로 등장했다.

글로벌 기술의 발전으로 반도체 분야를 비롯한 이공계 고용시장이 빠르게 성장하였는데, 그에 비해 저출산의 영향으로 이공계 졸업생이 매년 감소하고 있어 이공계, 기술,

## 上班族2021年 平均月薪Top10

|  |  |
|---|---|
| 飛行機師 | 130,557元 |
| 醫師 | 113,178元 |
| 牙醫師 | 102,511元 |
| 麻醉醫師 | 73,862元 |
| 中醫師 | 71,847元 |
| 醫學美容／整型 | 61,361元 |
| 類比IC設計工程師 | 58,280元 |
| IC設計工程師 | 57,531元 |
| 數位IC設計工程師 | 57,483元 |
| 空服人員 | 56,942元 |

資料來源：1111挖趨勢　蘋果新聞網製表

〈2021 고임금 직업 Top10을 발표한 1111인력은행〉
애플데일리 보도자료 갈무리

공학 분야의 전문 인력 부족이 임금 상승으로 이어진 것이다.

마지막 10위는 월 급여 5만7천 위안(한화 약 245만 원)인 항공기 승무원이 차지했다. 이들 10개 상위 직업군 모두 전문 자격증이나 특수한 기술이 필요한 분야라는 공통점이 있다.

그렇다면 대만의 MZ세대가 선호하는 직업은 무엇일까?

대만의 한 유명 유튜버가 2020년에 초등학생, 중고등학생, 대학생 그룹으로 나누어 총 3만 명을 대상으로 장래희망을 조사한 적이 있다. 그 결과 초등학생의 선호도는 교사, 유튜버, 의사, 디자이너, 요리사 순이었고, 중고등학생은 교사, 의사, 간호사, 디자이너, 엔지니어가 꼽혔다.

대학생들이 선호하는 직업은 항공승무원, 교사, 사업가, 엔지니어, 의사 순으로 나타났다.

이에 반해 대만의 빅데이터 분석 업체인 '데일리뷰'가 직장인을 대상으로 '만일 이직을 한다면, 혹은 다시 직업을 선택한다면 어떤 직업을 택할지'를 조사한 결과는 사뭇 다르다.

| 排名 | 夢幻工作 | 網路聲量 |
|---|---|---|
| 1 | 工程師 | 517 |
| 2 | 公務員 | 449 |
| 3 | 空服員 | 404 |
| 4 | 業務 | 384 |
| 5 | 網美・網紅 | 349 |
| 6 | YouTuber | 296 |
| 7 | 技師 | 202 |
| 8 | 律師 | 197 |
| 9 | 明星藝人 | 194 |
| 10 | 代購人員 | 177 |

〈2019년~2020년에 걸쳐 빅데이터를 분석하여
선호 직업을 정리한 데일리뷰 통계자료〉

압도적 1위를 차지한 직업은 엔지니어이고, 2위는 공무원, 3위 항공승무원, 4위 금융·보험의 영업직, 5위 인플루언서, 6위 유튜버, 7위는 전기기사 등의 기술직, 8위 변호사, 9위 연예인이었으며 마지막으로 구매대행업이 10위로 꼽혔다.

위 조사 결과들에 따르면 대상에 따라 차이가 있지만 엔지니어가 대부분 상위권에 들어 있음을 알 수 있다. 그것은 대만이 전자 강국인 만큼 과학기술 분야의 인력 수요가 많고 급여수준 또한 높기 때문일 것이다.

그중에서도 애플 협력사로 지명도가 높은 전자기기 제조사

폭스콘이나 세계에서 가장 큰 반도체 제조기업인 TSMC에서 엔지니어로 일하는 것을 최고의 직업으로 선호한다. 실제로 대만의 인기 온라인 커뮤니티인 'Dcard'에서 TSMC 엔지니어가 자신이 받은 연봉을 공개하여 크게 화제가 된 적이 있다. 기본급과 각종 수당, 성과급, 배당금 등을 포함하여 신입사원이 1년 동안 받은 실수령 금액이 대략 209만 위안(약 8,897만 원)이라고 밝혀 네티즌들의 부러움을 샀다.

이는 우리나라 삼성전자나 SK하이닉스의 급여 수준이 높은 것과 마찬가지 현상이다. 이처럼 반도체 산업이 고연봉으로 취업 시장을 휩쓸면서 다른 한편으로 전통 산업이나 중소기업의 인재 채용을 어렵게 만들고 있는 것도 사실이다.

경제 성장이 주로 전자산업 분야에서 이뤄지면서 특정 분야 종사자만 혜택을 볼 뿐 모두에게 고루 혜택이 돌아가지 않고, 기술 산업에 대한 선호도가 높을수록 산업 구조의 단순화로 이어질 것이라는 우려도 있다.

대만에 '군공교(軍公敎)'라는 말이 있다. 군인, 공무원, 교사를 통칭하는 말이다. 상대적으로 높은 이익률이 보장되는 퇴직연금에 각종 복지혜택까지 더해져 군공교는 안정적인 직업을 선호하는 사람들에게 매우 인기가 높은 직업군으로 꼽혀왔다. 또 공공기관이나 공기업 역시 우리와 마찬가지로 최고 인기 직장 중 하나다.

대만에서는 공무원이 정년이 보장되는 것은 물론 일반 회사원에 비해 초봉도 높은 편이다. 대만 공무원 선발제도의 특징 중 하나는 공무원 선발이 100% 필기시험으로만 결정된다는 점이다. 1, 2급의 경우 면접이 있기는 하지만 형식적인 절차에 불과하다. 또 근무지와 담당 직무 역시 합격자의 지망에 따라 시험성적 순으로 배정된다. 근무지와 직무가 바뀌는 재발령은 3년 이후에 가능하다.

필기시험 위주의 채용 제도는 채용의 공정성을 위해 채택된 방식이다. 그 이유는 공무원은 많은 사람들이 선호하는 직업이기 때문에 혹시라도 있을지도 모르는 부정이 개입될 소지를 원천적으로 차단하기 위해서이다. 이와 같은 방식은 실력을 통해 계층 이동이 가능하다는 긍정적인 측면은 있지만, 너무 공정성에만 치우친 나머지 효율성이 부족하다는 지적도 있다.

한편 대만에서도 인플루언서의 인기는 대단하다. 특히 인플루언서는 고소득과 더불어 근무시간의 유연성, 새로운 제품이나 브랜드를 먼저 접할 수 있다는 이점 등으로 선망의 대상이 되고 있다.

그밖에 전문적인 훈련을 받고 자격증을 취득해서 퇴직 걱정 없이 일할 수 있는 기술직이나, 갈수록 늘고 있는 수요와 공간의 제약 없이 온라인에서 활동이 가능한 구매대행업도

〈대만의 인기 유튜버. 왼쪽 위부터 시계 방향으로
아션(阿神), 황씨형제(黃氏兄弟), 차이아까(蔡阿嘎),
아디 남매(阿滴英文)〉 (출처 : 위키미디어)

직장인들의 전직 희망 상위 직군으로 꼽힌다.

직업의 종류가 아닌 선호 기업에 대한 조사 결과들도 있는데, 대체적으로 위에서 언급한 TSMC나 폭스콘, 미디어텍, ASUS, UMC 등 첨단 기술 산업 분야의 기업이 꿈의 직장으로 대세를 점하고 있다.

## 대만의
## 학교 이야기

대만의 학제는 우리나라와 같이 6·3·3·4제를 기본으로 한다. 초등학교 6년, 중학교 3년, 고등학교 3년, 대학교 4년이다.

초등학교 입학 전에는 2년간 유치원에 다닌다. 초등학교는 '國民小學(국민소학)'이라고 하는데 줄여서 '궈샤오(國小)'라고 부르고, 중학교는 '國民中學(국민중학)'이라고 하

대만의 초등학교(출처 : 위키미디어)

는데 줄여서 '궈중(國中)'이라고 부른다. 고등학교는 '高級中學(고급중학)'이라고 하는데 줄여서 '가오중(高中)'이라고 부른다.

새 학기는 매년 9월 1일 시작하여 그 다음해 춘절 즈음 방학을 한다. 2학기는 2월에 개학하여 6월에 마치고 약 2개월간의 방학을 한다. 매년 입학은 9월, 졸업은 6월에 한다. 1968년 이래 무상 의무교육 기간은 초등학교와 중학교 9년이었다. 2014년부터 의무교육 기간은 기존의 9년에서 12년으로 연장되었고, 이를 '12년 국민 기본 교육'이라고 한다.

대만의 고등학교는 보통 아침 7시 30분에 등교해서 자율

학습을 하는 것으로 하루를 시작한다. 수업은 8시 30분쯤 시작되어 오후 4시쯤 마친다. 특이한 점은 점심식사 이후에 낮잠 시간이 있다는 것이다. 방과 후에 고등학생들은 학교에서 자율학습을 하거나 학원 수업을 수강하며 대학입시를 준비한다.

대만 역시 교육열이 높고 대학 진학률이 높다. 대만 교육부 통계처 발표에 따르면 2019년 인구 대비 고등 교육기관 재학 중인 학생 비율이 한국은 5.9%, 대만은 5.1%이다. 대만 학생들도 적지 않게 사교육을 받는다. 2019년 TIMSS (the Trends in International Mathematics and Science

1898년 개교한 타이베이 시립건국고급중학교

Study : 수학과 과학의 성취도 추이 변화 국제 비교 연구)에 참여한 8학년 학생들을 대상으로 한 사교육 관련 조사 결과, 사교육 참여율은 한국 77.8%, 대만 56.2%로 두 나라 모두 국제 평균 43.9%를 웃돌았다.

대만 전역에 약 18,000개의 학원이 있으며, 이 중에 입시학원의 비중이 60.4%를 차지한다(KOTRA, 2017.09.26). 다음은 타이베이 소재 어느 고등학교 2학년 자연계열 학생의 시간표이다. 이를 통해 대만 고등학생들의 학교생활을

|   | 월 | 화 | 수 | 목 | 금 |
|---|---|---|---|---|---|
| 1 | 영어 | 국어 | 공민 | 역사 | 화학 |
| 2 | 수학 | 국어 | 영어 | 국어 | 음악 |
| 3 | 화학 | 지리 | 수학 | 주제연구 | 영어 |
| 4 | 화학 | 물리 | 수학 | 주제연구 | 체육 |
| 5 | 체육 | 음악 | 예술생활 | 물리 | 학급회의 |
| 6 | 역사 | 영어 | 예술생활 | 지리 | 문화교재 |
| 7 | 국어 | 수학 | 물리 | 수학 | 공민 |
| 8 | 국어<br>(보충) | 수학<br>(보충) | 동아리 | 물리<br>(보충) | 화학<br>(보충) |

〈○○ 고등학교 2학년 ○반 학급시간표〉

짐작해 볼 수 있다.

최근에는 많은 학생들이 직업계 고등학교 진학을 선호하고 있다. 예전에는 부모들이 자녀의 진로를 정하는 데 많이 관여했다면, 최근에는 자녀들이 자신의 흥미와 적성에 맞는 진로를 선택할 수 있도록 자녀들의 생각을 존중하는 경향이 뚜렷해지고 있다. 이는 대만의 자유롭고 개방적인 분위기, 실용을 중시하는 대만인의 합리적인 사고방식과도 관련 있을 것으로 생각된다. 또한 대만이 중소기업 강국으로 불릴 정도로 대만 경제에서 중소기업이 차지하는 역할이 크다는 점도 하나의 요인일 것이다.

대입 전형에는 번성추천입학(繁星推薦入學)과 개인신청입학(個人申請入學), 그리고 고시입학(考試入學)이 있다. 번성추천입학과 개인신청입학은 우리나라의 수시 전형에, 고시입학은 정시전형에 해당한다.

번성추천입학 방식에는 학교장 추천, 교사 추천 등이 있다. 우리나라에서 대학수학능력시험을 1년에 한 번 치르는 것과는 달리 대만에서는 두 종류의 대학 입학시험이 연중 두 차례에 걸쳐 치러진다는 점, 그리고 영어 듣기 평가 시험이

별도로 치러진다는 점 등이 우리와 다르다.

대만에서 첫 번째로 손꼽히는 명문대학은 국립대만대학(國立臺灣大學)이다. 국립대만대학은 영국의 대학평가 기관인 QS의 2023년 대학평가에서 세계 77위로 연세대(73위), 고려대(74위)와 비슷한 위상을 보여주었다.

천수이볜, 마잉주, 차이잉원, 라이칭더 등 전·현임 총통과 노벨화학상 수상자인 리위안저 박사도 국립대만대학 출신이다.

국립대만대학은 캠퍼스 자체가 하나의 도시처럼 느껴질 만큼 규모가 크고 아름다워 여행객들도 많이 찾는다.

국립대만대학 도서관

국립대만대학 이외에 타이베이에 있는 대만정치대학(臺灣政治大學)과 대만사범대학(臺灣師範大學)도 명문으로 꼽힌다. 그 밖에 대만청화대학(臺灣靑華大學), 대만성공대학(臺灣成功大學), 국립양명교통대학(國立陽明交通大學) 등이 대만의 대표적인 대학이다.

## 태풍이 오면
## 휴가를 발령한다

대만의 시장에 가면 우리나라에서는 보기 힘든 열대과일들을 실컷 구경할 수 있는데, 사진 속 열대 과일의 이름은 뭘까?

이 과일의 이름은 생김새와 관련이 깊다. 잘 보면 석가모니의 머리 모양을 꼭 닮았다. 그래서 이 과일의 이름이 '석가두'이다. 맛을 상상하기 힘든, 신기한 모양이지만 그 맛

과일 석가두(sugar apple)

은 아주 부드럽고 달콤하다. 한 번 맛보면 자꾸 생각나는 매력적인 과일이니 대만에 가면 꼭 먹어봐야 하는 것 중 하나이다.

석가두 외에도 열대과일의 선두주자인 '파인애플'은 물론 용이 여의주를 물고 있는 모습을 닮은 '용과', 콜럼버스가 먹어 본 후 달콤한 맛에 반해 '천사의 열매'라고 불렀다는 '파파야', 뷔페에 가면 자주 보이는 '리즈' 등이 대만을 대표하는 과일이다. 대만에서는 이와 같은 갖가지 열대과일을 싼 값에 먹어볼 수 있다.

대만에서 열대과일을 쉽게 볼 수 있는 이유는 대만이 덥고 습한 아열대 해양성 기후이기 때문이다. 아열대는 열대와 온대의 중간 기후대로 북위 약 22~30°에 분포하는데 대만이 이에 해당한다.

해양성 기후는 해양의 영향을 많이 받는 기후로 대륙성 기후와 상반된다. 대륙성 기후에 비해 해양성 기후는 연교차와 일교차가 작고 강수량, 습도, 운량이 많다.

대만은 아열대 해양성 기후라서 우리나라보다 덥고 습하다. 연평균 기온이 23℃로 우리나라보다 약 10℃ 이상 높고, 겨울에도 평균 기온이 16℃로 사계절 내내 우리나라 연평균 기온보다 높다. 또한 연교차가 20℃ 이상인 우리나라에 비해 대만은 13℃ 정도로 그 차이가 작다.

우리나라처럼 사계절이 뚜렷하지는 않지만 대만도 사계절을 느낄 수 있을 정도로 계절별 날씨가 다르다. 대만의 여름은 5월부터 9월까지로 약 5개월 동안 지속된다.

아열대 기후인 대만의 여름은 얼마나 더울까?

대만의 여름 평균기온은 28℃ 이상이고 최고 기온은 40℃

대만의 건물은 사람들이 비를 맞지 않고 다닐 수 있도록 설계되어 마치 회랑으로 길게 연결된 것처럼 보인다.

에 육박하며, 대기가 불안정해서 스콜이라는 열대성 소나기가 자주 내린다. 그래서 대만의 여름에는 햇빛도 피하고 비도 피할 수 있는 우산이나 양산이 필수품이다. 또한 습한 날씨 탓에 에어컨을 가동해서 습기를 제거해야 하기 때문에 에어컨 또한 필수 가전이다.

대만의 겨울은 우리나라의 겨울과 비교하면 포근하다. 그렇다고 겨울철에 대만 여행을 준비할 때, 대만의 기온만 보고 우리나라의 초가을 날씨 정도라고 생각해서 외투를 챙겨가지 않으면 크게 후회한다. 대만은 겨울에도 습도가 높아 같은 16℃라고 해도 우리나라에서의 16℃보다 훨씬 춥게 느껴지기 때문이다.

대만의 봄과 가을은 정말 여행 가기 딱 좋은 날씨다. 쾌적한 기온과 적절한 습도로 여행에 최적화된 날씨다.

다만, 여름부터 초가을까지는 우리나라와 마찬가지로 태풍이 종종 발생하는데 이 태풍을 피해야 안전하게 여행을 즐길 수 있다.

대만의 위치는 태풍의 근원지와 가까워서 태풍의 영향을 많이, 그리고 자주 받는다.

태풍은 일본의 오키나와와 대만, 필리핀 사이의 열대 해상에서 주로 발생하며, 태풍의 에너지는 따뜻한 바다에서 공급되고 육지에 상륙하면서 그 힘이 약해진다. 그러나 대만으로 향하는 태풍의 경우, 태풍의 근원지에서 대만까지의 경로에 큰 섬이나 대륙이 없어서 대만은 태풍의 영향을 고스란히 받게 되어 그 피해가 매우 큰 편이다.

그래서 태풍이 근접하면 정부 차원에서 행정구역 단위로 직장과 학교의 휴업을 통지하는 '태풍 휴가'를 발령한다. 이때 마트와 편의시설도 문을 닫으니 태풍이 온다는 소식

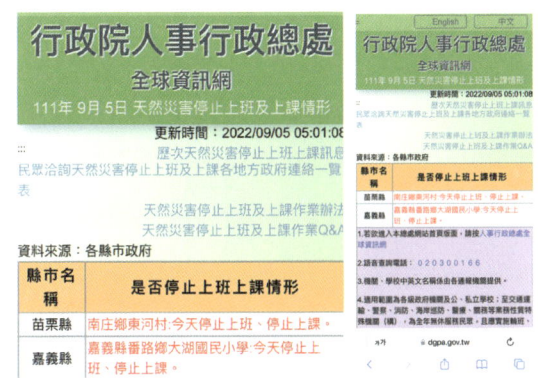

2022.09.05. 태풍 '힌남노'로 인한 출근 및 등교 정지 상황

을 들으면 사람들이 비상식량을 사느라 갑자기 바빠진다. 혹시라도 대만 여행 중 태풍이 올 수도 있으니 여름, 가을에 대만 여행을 계획한다면 태풍에 관한 정보를 미리 확인하는 것이 좋다.

대만은 계절에 따른 기후 차이도 있지만 지역에 따라 차이도 크다. 대만은 그 크기가 우리나라의 경상남북도를 합한 정도의 면적이니 지역 차이가 별로 없을 것이라고 생각하기 쉽지만 같은 계절이라도 지역마다 큰 차이를 보인다.

대만은 우리나라처럼 동쪽이 높고 서쪽이 낮은 동고서저 지형이다. 동쪽에는 대만의 중앙산맥이 우리나라의 태백

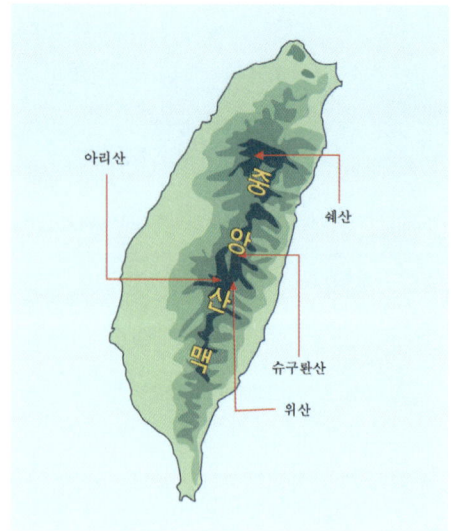

대만의 중앙 산맥과 주요 산의 위치

산맥처럼 남북 방향으로 뻗어 있는데, 중앙산맥은 태백산맥보다 훨씬 높다.

중앙산맥의 최고봉은 위산(3,952m)이다. 그 밖에도 쉐산(雪山, 3,886m)과 슈구롼산(秀姑巒山, 3,825m) 같이 백두산(2,744m)보다 1,000m 이상 높은 산들이 즐비하다. 일반적으로 고도가 100m 높아질 때마다 기온은 약 0.65℃씩 낮아지는 것으로 계산한다. 중앙산맥의 최고봉인 위산은 높이가 해발 3,952m이니 대만의 해수면보다 기온이 25.7℃가 낮다. 위산을 오르다 보면 산 아래는 아열대기후, 산 중턱 부근에서는 온대기후, 산 정상 부근에서는 한랭기후 등 다양한 기후를 만나게 된다.

그래서 한겨울에도 일반적으로 기온이 10℃ 아래로 떨어지지 않는 대만이지만 겨울에 위산을 오르면 아름다운 설경을 볼 수 있다.

여행에서 가장 중요한 것은 안전! 매력적인 대만을 여행하기 전에 기후의 특성을 알고 미리 대처한다면 훨씬 즐거운 여행이 될 것이다.

## 노는 게 제일 좋아, 대만인들은 언제 쉴까?

우리나라와 역사와 문화를 공유하는 동아시아의 여러 나라에는 비슷한 명절이 많다. 그렇다면 대만에서는 어떤 명절을 지내고, 전통 명절 외에 또 어떤 날을 국경일로 기념할까?

대만은 우리와 마찬가지로 주5일 근무제이며, 공휴일이나 기념일이 토요일이나 일요일과 겹치면 대체 휴무일을 지정

대만의 법정 공휴일

| 구분 | 명 칭 | 휴가 기간 |
| --- | --- | --- |
| 전통 명절 | 춘절(春節) | (음)1월 1일~3일 |
| | 청명절 (淸明節, 民族掃墓節) | 춘분으로부터 15일 후 |
| | 단오절(端午節) | (음)5월 5일 |
| | 중추절(中秋節) | (음)8월 15일 |
| | 음력 섣달그믐 (農曆除夕) | (음)12월 말일 |
| | 원주민족 세시 제의 (原住民族歲時祭儀) | 해당 원주민이 정하여 공고한 기간 |
| 국경일 및 기념일 | 중화민국 건국 기념일 (中華民國開國紀念日) | 1월 1일 |
| | 평화기념일(和平紀念日) | 2월 28일 |
| | 어린이날(兒童節) | 4월 4일 |
| | 국경일(國慶日, 쌍십절) | 10월 10일 |

하여 쉰다. 공휴일이 토요일이면 금요일에 대체 휴무로 쉬고, 일요일이면 월요일에 대체 휴무로 쉰다. 또한 연휴인 음력 섣달그믐날부터 춘절 휴무 기간이 주말과 겹치면 휴일이 끝난 다음 근무일을 대체 휴무로 쉰다.

그리고 청명절이 어린이날인 4월 4일과 겹치면 4월 3일을 대체 휴무로 지정하되, 만약 4일이 목요일이면 5일(금)에 대체 휴무를 시행하여 목요일부터 일요일까지 나흘 동안 쉰다.

대만의 가장 큰 명절은 음력 1월 1일인 춘절이다.

중화권에서는 전통적으로 1년을 3개월씩 나누어 음력 1~3월은 봄, 4~6월은 여름, 7~9월은 가을, 10~12월은 겨울이

춘절 장식을 해놓은 타이베이 거리

라고 생각해 왔다. 그래서 새로운 봄이 시작하는 음력 1월 1일을 '봄의 절기'라고 하여 춘절이라고 하는 것이다. 대만의 춘절은 우리의 설날과 마찬가지로 3일 연휴로 되어 있지만, 딱 사흘만 쉬는 경우는 없다.

왜냐하면, 섣달그믐날도 쉬기에 자연스럽게 나흘 연휴가 된다. 게다가 주 5일 근무이기 때문에 토요일, 일요일을 연달아 쉬고, 주말이 겹치면 대체 휴무로 쉬기 때문에 토요일에서 목요일까지 혹은 화요일에서 일요일까지 6일간의 연휴가 가장 짧게 쉬는 경우에 해당한다. 만약 춘절 전 주말이나 그 다음 주말 중 하루를 근무일로 지정하고 연휴 전후의 평일을 대체 휴무일로 지정하면 8일 동안이나 쉴 수도 있다.

춘절 기간에는 가족끼리 모여서 녠예판(年夜飯)이라고 불리는 저녁 식사를 하고, 폭죽을 터뜨리며, 붉은 봉투에 세뱃돈을 넣어 준다.

청명절은 24절기 중의 하나이다. 춘분과 곡우 사이의 '청명'이라는 절기인데, 대만에서는 1975년 장제스의 사망 이후 공식적인 명칭을 '민주싸오무제(民族掃墓節)'로 지정하였다. 해석하자면 '성묘하는 날'이라는 의미로, 성묘객으로 묘지 부근의 길이 어마어마하게 막히는 날로 유명하다.

단오절은 음력 5월 5일이다. 중화권의 단오절은 춘추전국시대 초나라의 충신이자 시인이었던 굴원을 추모하는 명절이다. 굴원은 초나라의 국운이 쇠하여 가는데, 자신은 아무런 힘이 되지 못함을 한탄하며 강에 투신한다.

그의 충절을 기린 백성들이 시신을 찾으려고 배를 타고 강을 수색하였지만 찾지 못하였다. 사람들은 굴원의 시신을 물고기가 뜯어 먹지 말라고 찹쌀을 연잎으로 싸서 찐 쫑즈를 던졌다. 그것이 유래가 되어 지금도 단오절에는 용선 경

쫑즈

주를 하고, 쫑즈를 먹는다.

중추절은 우리의 추석과 같이 음력 8월 15일이다. 우리말로도 중추절이라고도 하지만, 대만의 중추절은 한자가 '가운데 중(中)'자로 우리의 '仲'자와 다르다.

우리는 추석을 민족 최대의 명절로 손꼽지만, 대만 사람들은 그렇지 않다. 중추절 당일 하루만 공휴일이고, 보통 가족들과 소박하게 보름달을 구경하거나 월병을 먹는 정도다.

요즈음 중추절은 식구들끼리 모이기보다는 이웃, 친구들과 함께 야외에서 고기를 구워 먹는 '바비큐의 날(烤肉節)'로 바뀌어 가고 있다. 이는 전통과 무관하게 상업적인 이유로 생긴 변화다.

1980년대 대만의 한 양념 업체가 바비큐용 간장 소스를 개발하여 TV에서 홍보하기 시작했는데, 얼마 후 다른 업체도 비슷한 소스를 개발하여 경쟁적으로 홍보하였다.

그 경쟁이 얼마나 치열했던지 TV만 틀면 두 회사의 광고가 나와서 마치 가족끼리 모이면 무조건 바비큐에 소스를 발라 먹어야 할 것 같은 기분까지 들 정도였다고 한다.

중추절에 야외에서 바비큐와 유즈를 먹는 대만 사람들

게다가 대형마트에서 중추절 시즌에 맞추어 가족끼리 바비큐를 하라고 대대적인 세일 행사를 반복하다 보니 어느덧 대만의 중추절에는 으레 바비큐를 먹는 것이 새로운 문화로 정착되어 가고 있다.

또한, 대만에서는 중추절에 '유즈(柚子)'라는 과일을 먹은 후 그 껍질을 아이들의 머리에 씌워주는 풍속도 있는데, 유즈의 껍질을 그대로 씌우기도 하고, 행운을 기원하는 글귀를 적어서 씌우기도 한다. 이것은 유즈의 발음 'yòuzi'와 '佑子(자녀를 돕다)'의 발음이 비슷하기 때문에 아이의 안전을 기원하는 풍습이 되었다고 한다. 위에 언급된 것 외

대만의 유즈

에도 원래부터 대만 섬에 오랜 기간 살아온 여러 민족의 전통 명절을 법적으로 보장해주고 있다.

전통 명절 외에도 우리나라의 현충일이나 광복절, 개천절과 같은 국경일도 꽤 있는데, 그중에서 가장 중요한 날이 쌍십절이다. 이 날은 신해혁명이 일어난 1911년 10월 10일을 기리는 국경일로, '10'이 두 번 들어가는 날이라 보통 쌍십절이라고 부른다. 쌍십절은 우리나라의 개천절과 같이 나라의 기원을 기리는 기념일이며, 전 세계 곳곳의 대만과 관련된 장소에서 기념행사를 한다.

서울에서도 매년 10월 초에 대만대표부에서 한국에 사는 대만인들, 화교학교 학생들과 대만 관련 업종에 종사하는

2022년 서울에서 거행된 111주년 쌍십절 기념행사

많은 사람을 초청하여 행사를 진행해오고 있다.

신해혁명을 기념하는 쌍십절 외에, 공식적인 중화민국 수립일인 1912년 1월 1일도 기념한다. 따라서 대만인들은 새해 첫날이어서 쉬는 것이 아니라 정부수립 기념일인 1월 1일을 국경일로 삼아 하루 쉰다고 보아야 한다.

대만에는 우리나라의 4.19 혁명이나 5.18 민주화 운동 기념일과 같은 2.28 평화기념일이 있다. 이 날은 1947년 대규모 군중 시위를 무력으로 진압하여 수만 명이 희생당한 2.28사건을 추모하기 위해 1997년 공휴일로 지정하였다.

대만의 어린이날은 특이하게도 4월 4일이다.

세계 어린이의 날인 11월 20일도 아니고, 대만을 식민 지배했던 일본의 어린이날인 5월 5일도 아니다. 대만 어린이 날은 쑨원과 장제스의 손위 동서이자 훗날 중화민국 정부의 6대 행정원장(총리)이 되는 쿵샹시(孔祥熙)가 1931년 이에 관한 안건을 발의하면서 시작됐다. 쿵샹시가 "4월 4일은 봄이 시작되는 좋은 절기로 기후도 적당하며, 3월 3일 삼짇날, 5월 5일 단오절, 9월 9일 중양절 및 현재의 쌍십절까지 월일이 겹치는 날이 좋은 날이 많다."라는 이유로 제안하였고, 그 이후로 4월 4일을 어린이날로 기념해 왔다. 이처럼 어린이날이 정해진 것은 오래 전이지만 2011년에서야 공휴일로 지정되었다.

공식적으로 국경일이나 공휴일은 아니지만, 세계 노동절인 5월 1일에 대만의 노동자도 휴가를 얻으며, 9월 3일은 군인의 날로 국방과 관련된 업무를 하는 사람들은 휴가를 받는다. 9월 28일은 스승의 날로 쉬는 학교와 회사가 많다. 또한, 우리나라는 석가탄신일이나 성탄절이 공휴일이지만 대만은 그렇지 않다. 그러나 대만의 제헌절인 행헌기념일이 12월 25일이어서 2000년까지는 공식적인 국경일이었다. 현재는 공휴일에서 제외되어 공식적으로는 쉬지 않지만, 성탄절 및 연말을 즐기기 위해 비공식적으로 쉬는 경우도 상당히 많다.

마지막으로 대만은 어버이날을 어머니의 날과 아버지의 날로 나눠서 기념하는데, 어머니의 날은 매년 5월 두 번째 일요일이어서 언제나 쉬는 날이고, 아버지의 날은 8월 8일로, 안타깝게도 쉬지 않는다. 아버지의 날이 8월 8일인 이유는 '아빠'에 해당하는 중국어 '爸爸(bàba)'의 발음과 숫자 8(八, bā)의 발음이 비슷하기 때문이다.

**화폐에**

**숨겨진**

**대만 이야기**

세상이 '현금 없는 사회'로 바뀌면서 불과 몇 년 전까지만 해도 카드보다 현금 결제가 익숙했던 대만에서도 이제는 인구 2명당 1명은 모바일 결제를 이용한다.
머지않아 화폐에 무엇이 그려져 있었는지 사람들 기억 속에서 가물가물해질지도 모를 일이다. 하지만 여전히 화폐는 한 나라의 경제의 상징이고, 그 나라에 대한 많은 정보를 제공해준다.

대만 화폐의 공식 표기는 신타이완달러(NTD)이고, 정식 화폐 단위는 위안(圓)이지만 일상에서는 위안(元)으로 표기한다.

현재 대만에서 통용되는 화폐는 동전 4종류(1, 5, 10, 50위안)와 지폐 5종류(100, 200, 500, 1000, 2000위안 권)가 있다.

1위안, 5위안짜리 동전에는 대만의 초대 총통 장제스가 그려져 있고, 10위안짜리는 장제스와 쑨원의 초상이 각각 그려진 두 종류가 있다.

50위안짜리는 앞면에 쑨원이, 뒷면에는 금액만 표시된 다른 동전들과 달리 벼 이삭 그림이 그려져 있다. 흔히 야시장이나 로컬식당에서 저렴하게 사 먹는 먹을거리를 '동판미식'이라고 부르는데, 말 그대로 '동전으로 사 먹을 수 있는 음식'을 뜻한다.

예전에는 50위안이면 한 끼 식사가 될 만한 먹을거리를 사 먹을 수도 있어서 50위안짜리 동전에 식량의 상징인 벼가 그려져 있는 것이 아닌가 싶다. 아직도 우리나라보다는 여전히 현금 사용이 많다보니 여행을 하다보면 동전이 꽤 많이 생긴다. 그래서 여행할 때는 동전지갑이 제법 유용하게 쓰이기도 한다.

지폐는 더욱 다양한 이야깃거리들을 담고 있다.

100위안 권 지폐 앞면에는 쑨원의 초상과 함께 바탕에는 예기(禮記)의 예운대동편(禮運大同篇)이 쓰여 있고, 그 바탕 위에 박애(博愛)라고 쓴 쑨원의 친필이 보인다. 대동편의 문구는 쑨원이 삼민주의(三民主義)를 제창하며 신해혁명을 이끌었을 때 '대동사회(大同社會)'라는 말을 사용하면서 널리 알려졌다. 대동사회는 만민의 신분적 평등과 재화의 공평한 분배, 인륜의 구현을 이상으로 삼는 유토피아

를 뜻한다.

뒷면 도안은 쑨원 탄생 100주년 기념사업으로 지어진 다목적홀인 중산루의 모습이다. 양밍산 국립공원에 있는 이곳은 과거 국민대회 회의장으로 쓰였으며, 각국 귀빈을 영접하는 연회 장소로도 사용되었는데 지금은 일반에 공개되어 인기 있는 관광 코스가 되었다. 중산루는 유황온천으로 유명한 양밍산 유황갱 위에 지어진 건물이어서, 이곳에 가면 특유의 유황 냄새를 맡을 수 있다.

200위안 권 지폐 앞면에는 장제스의 초상과 함께 배경으로 교육과 토지개혁을 상징하는 그림이 그려져 있다.

국민당은 중화민국 정부를 대만으로 옮겨온 후 토지 임대료 인하, 공공 토지의 유상 분배 등을 실시했다. 이를 통해

소작농 체제에서 자작농 체제로의 혁명적인 전환이 이루어졌고, 토지개혁의 성공은 국민당 정권이 장기 집권의 발판을 마련하는 계기가 되었다. 뒷면 도안은 총통부 청사다. 일제 강점기 대만총독부 건물로, 지금은 총통의 집무처인 총통부로 쓰이고 있다.

500위안 권부터는 초상화 대신 대만에서 중요시하는 분야, 그리고 대만의 자연과 미래를 상징하는 그림으로 이루어져 있다. 500위안 권 지폐의 주제는 스포츠이고 그 주인공은 난왕초등학교 야구팀으로 알려져 있다. 1998년 케어컵 리틀야구선수권대회에서 우승을 차지한 후 선수들이 모자를 던지며 환호하는 모습이다. 일제 강점기 때 일본으로부터 도입된 야구에 대한 대만인들의 관심은 매우 높다. 특

히 리틀 야구단이 전폭적인 지원과 사랑을 받게 되었던 것에는 다른 배경도 있다.

스포츠 외교에서 중국의 입김이 거세지면서 축구, 농구 등의 종목은 국제대회에서 대만 대표팀의 참가가 어려워졌지만, 중국의 관심이 상대적으로 적었던 야구는 견제가 덜한 편이었다. 그런 상황에서 1969년 대만 리틀 야구단이 미국 리틀야구연맹이 주최한 월드시리즈의 챔피언이 되면서 리틀 야구에 대한 정부의 전폭적 지원이 이어졌고 그 뒤로도 리틀 야구단은 국제무대에서 여러 차례 두각을 나타내었다. 1996년까지 무려 17번의 국제대회 우승을 차지하였다고 하니 대만사람들이 리틀 야구에 얼마나 열광하였을지는 상상할 만하다. 그리고 2025년에는 24년 프리미어12 야구대회 우승팀으로 도안이 바뀔 것이라고 예고되어 있다.

500위안 권 뒷면 도안에는 꽃사슴과 대나무, 다바젠산이 그려져 있다. 대만 꽃사슴은 보호 육성 동물로 지정되어 있는데, 현재는 거의 멸종된 상태라고 한다.

다바젠산은 대만 원주민들이 신성시해온 산으로, 산 위쪽 절반이 수직에 가까운 암벽으로 이루어졌다. 가파른 경사와 험준한 지형은 주로 바람에 의해 형성되었다고 하는데, 이러한 독특한 산의 모습과 주변의 아름다운 풍광이 어우러져 산악인들의 많은 사랑을 받고 있다.

500위안 권의 주제가 스포츠였다면 1000위안 권 도안의 주제는 교육으로, 초등학생들이 수업하는 모습이 그려져 있다. 뒷면에는 한자로 제치(帝雉)라고 쓰는 미카도꿩과 대만에서 가장 높은 위산이 그려져 있다.

미카도꿩은 위산을 비롯한 고산지대에서 서식하며 대만의 멸종위기 보호동물로 지정되어 있다. 몸 전체가 푸르고 꼬리가 길며 날개에 흰 무늬가 있는 것이 특징이다. 대만 국적기인 중화항공에서 2016년 도입한 A350 여객기 동체에도 미카도꿩이 그려져 있다.

2000위안 권 지폐의 주제는 과학기술과 경제다. 1999년 대만의 국가우주센터에서 개발한 포르모사 1호 위성과 접시안테나, 그리고 좌측 하단 배경으로 TWTC 국제무역센터 빌딩이 그려져 있다. 뒷면 도안은 난후다산과 대만 산천어다. 난후다산은 우리나라 관광객들에게도 잘 알려진 타이루거 국립공원에 속해 있으며, 대만의 중앙을 길게 양분하는 중앙산맥의 대표적인 산이다.

연어과 어류는 자연 상태에서는 지구상의 북반구에만 서식한다고 하는데, 북반구의 최남단 마지노선에 서식하는 물고기가 '대만 산천어'다. 약 5만 년 전 빙하가 물러갈 무렵 대만에 자리 잡은 후 간빙기의 기온, 수온 상승에 따라 점차 서식지가 좁혀지다가 해발 1,700m 이상의 고지대에 고립되어 더 이상 바다로 오가지 못한 채 멸종 위기에 있는 희귀 어종이다.

대만 원주민들이 수천 년 전부터 먹어왔던 어종이었다고도 전해지는데, 무분별한 남획과 기온 상승으로 개체수가 감소하면서 일제 강점기에 이미 천연기념물로 지정하기도 했다. 특히 일본이 패망한 1945년 이후 고지대 산사면을 과수원으로 개발하는 과정에서 무분별한 농약과 살충제 살포, 토사 유출로 주변 서식 환경이 파괴되면서 대만 산천어는 멸종위기에 놓이게 되었다.

## 유통기한이 112년?

대만 편의점에서 음료수 유통 기한을 확인하려다 '112年(년)'이라고 표시된 연도를 보고 '112년까지라고?', 아니면 '112년 남았다고?' 하며 어리둥절했던 적이 있었다. 알고 보니 그것은 대만의 독특한 연도 표기법인 '민국기년(民國紀年)' 때문에 생긴 해프닝이었다.

민국기년은 민국기원이라고도 하는데, 이는 중화민국의 건국 연도인 1912년을 원년으로 하는 연도 표기 방식이다. 민국기년은 '中華民國(중화민국) ×××年(년) 또는 民國(민국) ×××年, 民(민) ×××'으로 표기하며 매스컴이나 은행, 관공서 안내문, 대학교 학위증, 영수증 등 대만 일상생활에서 흔히 볼 수 있다.

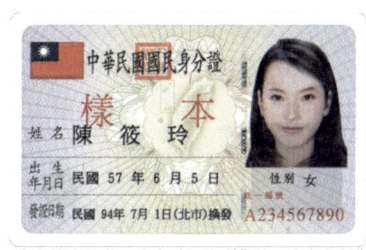
대만 신분증에 표시된 민국기년(출처 : 위키미디어)

대만은 왜 1912년을 기념하고 싶은 걸까? 그해 중국에서는 어떤 일이 있었을까? 19세기말 청·일전쟁에서의 패배로 청나라의 무능함이 드러나고 서구 열강들의 침탈이 가속화되자 중국의 지식인과 국민들의 불만이 폭발할 지경에 이르렀다. 이때 새로운 중국을 만들기 위해 혁명의 필요성을 주장하며 등장한 사람이 바로 쑨원이다. 쑨원은 중국 근대

쑨원 선생

사의 새 장을 연 인물로 대만과 중국 두 지역에서 모두 국부로 숭상하는 혁명가다. 호가 중산이어서 쑨중산으로 불리기도 하는 그는 중국 최초로 반청, 공화, 무력 혁명을 주창한 인물로 중국의 국가 기본 이념인 민족, 민권, 민생의 삼민주의를 제창했다.

청나라의 정치적 혼란으로 인한 국민의 고통이 날로 심해지자 1911년 10월 10일 청나라에 대항하는 우창(武昌) 봉기가 일어난다. 이를 시작으로 중국 전역에서 혁명의 불길이 일어나 결국 청나라는 멸망하고 최초의 공화국인 중화민국이 수립된다.

이것이 바로 신해혁명(辛亥革命)이다. 쑨원은 신해혁명을 성공적으로 이끌고, 1912년 1월 1일 난징에서 중화민국 임시 정부 수립을 선포한 후 임시 대총통으로 취임한다.

민국기년은 이렇게 새로운 중국의 탄생을 기념하는 연도

대만 10위안 동전 정면에 표시된 민국기년
(출처 : 대만화폐국)

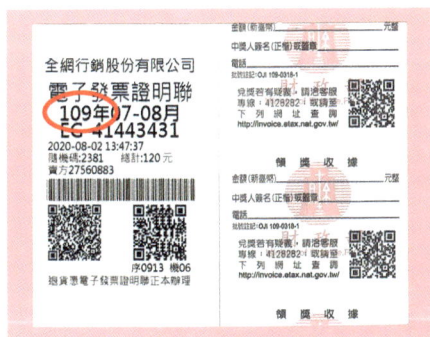

민국기년이 표기된 대만의 영수증

가오슝MRT 홈페이지 안내문에서의 민국기년

표시법으로 일상생활에서 흔하게 사용하며 특별한 경우가 아니라면 서기 연도를 따로 표기하지 않는다.

2011년은 중화민국 건국 100주년이 되는 해였다. 이를 기념하기 위해 대만 곳곳에서는 다양한 건국 100주년 행사

건국 100주년 기념 행사 설치물(출처 : 위키미디어)

가 열렸다. 100주년 하루 전인 민국 99년 12월 31일 지룽 강에서 대규모 축하 행사가 열렸고, 타이베이 101빌딩에서는 약 85만 명의 사람들이 모여 하늘로 승천하는 용과 한자로 100을 형상화한 모양 등 화려한 불꽃놀이를 즐기며 중화민국 100주년을 축하했다.

그리고 중화민국 건국 100주년 당일인 민국100년(2011년) 10월 10일 10시 10분에는 5,634쌍이 결혼식을 올렸고, 대규모의 국경절 열병식도 거행되었다.

이처럼 대만에서는 민국기년을 사용하여 연도를 나타내고 있다. 이 연도에 1911을 더하면 우리가 사용하는 서기 연도로 바뀌니 대만에 가기 전에 미리 알아두면 혼동을 피할 수 있다.

## 대만에도 원주민이 산다고?

원주민의 뜻은 '그 지역에 본디부터 살고 있는 사람들'이다 (국립국어원 〈표준국어대사전〉).

우리는 대개 '대만에는 당연히 중국어를 쓰는 사람들만 살고 있지 않나?'라고 생각하지만 이곳에는 예전부터 원주민이 살고 있었다.

이들을 '대만 원주민족(臺灣原住民族)'이라 부른다. 대만

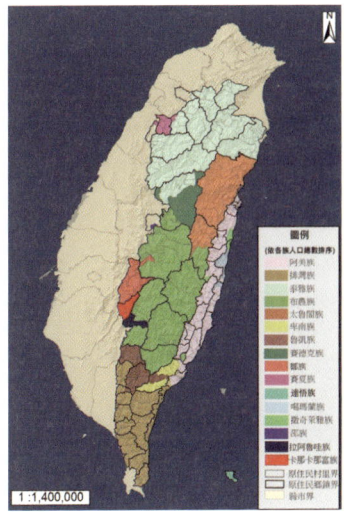
대만 원주민 16개 부족 분포도

전체 인구의 약 2%로 인구수는 많지 않지만 대만에서 가장 오래 전부터 살고 있는 민족이다. 이들은 한족의 이주 전부터 대만에 살고 있던 오스트로네시아어족(Austronesia語族)의 원주민이다. 오스트로네시아(Austronesia)는 라틴어로 '남쪽'을 뜻하는 'australis'와 고대 그리스어로 '섬'을 뜻하는 'nesos'에 복수를 나타내는 접미사 'ia'가 결합한 합성어로 남도(南島)를 뜻한다.

따라서 오스트로네시아어족을 남도어족이라 번역하기도 한다. 오스트로네시아어족은 대만, 동남아시아와 마다가스카르, 태평양 지역에 걸쳐 널리 분포한다. 대만 원주민의 여러 언어는 모두 같은 계통이지만 언어별로 차이가 커서 서로 의사소통이 불가능하다.

17~19세기에 대만으로 이주한 한족이 이들을 두 부류로 구분하였다. 평지에 사는 원주민을 핑푸판(平埔番), 고산 지역의 원주민을 성판(生番) 또는 가오산판(高山番)이라 불렀다. 그 후 핑푸판을 핑푸족, 가오산판을 가오산족이라 불렀는데, 평지에 사는 핑푸족은 한족과 접촉이 빈번했기 때문에 비교적 쉽게 한족 문화에 동화되었다. 대만 정부는 핑푸족을 이미 한족에 동화되었다고 보고 공식적인 원주민으로 인정하지 않는다.

현재 대만 정부에서 인정하는 원주민 부족은 총 16개로 아메이족, 파이완족, 타이야족, 부눙족, 타이루거족, 베이난족, 루카이족, 싸이더커족, 싸이샤족, 쩌우족, 야메이족(=다우족), 가마란족, 사치라이야족, 사오족, 라아루와족, 카나카나푸족이다.

이들 원주민은 일제 강점기, 국민당 독재 시기까지도 정체성을 제대로 인정받지 못했다. 일본은 원주민을 야만인으로 멸시했으며, 국민당에서는 이들을 중화민족으로 동화시키기 위해 원주민 고유 이름을 공식적으로 인정하지 않고 한족식 이름을 짓도록 강요하였다.

학교에서도 원주민의 언어, 역사, 문화보다는 중국의 언어, 역사, 문화를 더 강조하여 가르쳤다. 그 결과 대만 원주민들은 자신들의 고유한 정체성을 잃어갔다.

1980년대 후반부터 원주민들은 스스로의 권리를 찾기 위해 고산족 청년들이 중심이 되어 원주민 권리 회복 운동을 펼치기 시작하였다. 대만 정부도 이들의 요구를 받아들여 원주민의 권리를 보장하는 정책을 추진했다.

특히 2016년 8월 1일에 차이잉원 대만 전 총통은 정부를 대표하여 대만의 원주민에 대한 차별과 억압에 대해 사과했고, 그날을 원주민족의 날로 지정했다.

참고로 차이잉원 대만 전 총통의 할아버지는 객가계 본성인이고 할머니는 대만 원주민 파이완족이다.

원주민과 명·청시기에 이주해 온 본성인과의 오랜 갈등은 그들 사이에 깊은 골을 만들었다. 본성인이 원주민을 야만인 취급하면서 땅을 빼앗았기 때문이다.

그 후 대륙에서 이주한 국민당이 통치를 시작한 후 외성인이 본성인을 억압하고 산지를 개발하면서 원주민의 호감을 샀다. 그래서 상당수의 원주민은 지금도 본성인 위주의 민주진보당보다 외성인 위주의 국민당을 지지하는 편이다.

대만 원주민은 약 58만 명으로 전체 인구의 약 2%에 불과하지만 그들의 문화는 다양하고 특색이 있다.

아메이족은 약 21만 명으로 대만 원주민 중 인구가 가장 많다. 아메이족은 대부분 대만의 동부지역인 화롄, 타이둥 등 산악지대나 동부 평원에 거주하고 있다.

모계 친족 사회로 결혼 후 남편이 처가에 거주하는 관습이 있으나 점차 아내가 시가에 거주하는 형태로 바뀌고 있다. 이들은 여성을 특히 존중하여 어머니를 태양으로 칭한다.

아메이족 중에서 대표적인 유명인은 마이상 칼리무드(Maysang Kalimud)인데, 우리에게는 양촨광(楊傳廣)으로 잘 알려져 있다.

그는 1954년, 1958년 아시아경기대회 10종 경기에서 연속 우승하였다. 그 후 미국으로 유학하여 1960년 로마 올림픽 남자 10종 경기에서 은메달을 획득함으로써 대만 최초의 올림픽 메달리스트가 되었다.

대만의 인기 스포츠 야구의 유명 선수 중에도 아메이족이 많은데 장타이산(張泰山), 린즈성(林智勝), 장즈셴(蔣智賢), 양다이강(陽岱鋼), 가오궈후이(高國輝), 양야오쉰(陽耀勳), 왕웨이중(王維中) 등이 있다. 유명 가수 A-Lin(黃麗玲)도 아메이족 출신이다.

대만의 가수 A-Lin

2014년 〈워리어스 레인보우(Seediq Bale, 賽德克·巴萊)〉라는 대만 원주민에 관한 영화 1편(부제: 항전의 시작), 2편(부제: 최후의 결전)이 상영되었다.

이 영화는 웨이더성 감독이 심혈을 기울여 만든 작품으로, 총 제작비가 대만 달러 약 6억 위안(한화 약 258억 원)에 달한다.

제48회 대만 금마장영화제 최우수작품상 수상작이며 제68회 베니스 영화제의 경쟁 부문 출품작이기도 하다. 이 영화는 1930년 대만에서 일어난 우서(霧社) 사건에 관한 실화를 바탕으로 했다.

우서 사건은 대만 난터우(南投)현 런아이(仁愛)향의 산간지대 우서 지역에서 원주민 싸이더커족이 일본 군경을 습격했던 사건이다. 이 사건의 결말은 원주민에 대한 일본제국 군경의 대량학살이었다. 사실 국민당 정부에서도 원주민을 홀대했기 때문에 우서 사건은 대만 영화계에서 금기시되었다. 이 사건을 좀더 알고 싶다면 영화 〈워리어스 레인보우〉를 찾아 볼 것을 추천한다.

대만 원주민의 문화를 체험할 수 있는 가장 대표적인 곳은 난터우의 구족문화촌(九族文化村)이다. 구족이라고 이름 붙여진 것은 일제 강점기에 원주민을 9개 부족으로 분류했기 때문이다.

구족문화촌은 대만 타이중의 유명 여행지 일월담에서 가깝다. 그래서 이곳을 갈 때 일월담 호수 근처에서 케이블카를 타고 이동하는 것이 가장 편리하다.

이곳은 대만 원주민의 이야기를 담고 있는 테마파크로 원주민의 공연도 관람할 수 있다.

타이베이의 순이(順益) 대만원주민박물관에서도 원주민 문화를 볼 수 있다. 지하 1층에서 지상 3층까지 마련된 전

구족문화촌

아메이족 공연

시실에는 대만 원주민의 생활과 역사, 전통의상, 도구 등을 전시하고 있다.

대만 곳곳을 여행하다 보면 대만 원주민의 축제를 만날 수 있다. 특히 아메이족의 풍년제는 유명하다. 풍년제는 풍성한 수확을 염원하며 조상을 기리는 신령스럽고 성대한 축제다. 보통 7월부터 8월 사이에 개최하고, 노래와 춤을 추며 진행한다. 풍년제의 노래와 춤은 혼자 하지 않고 반드시 여럿이 함께해야 그 의미와 정신을 느낄 수 있다. 풍년제는 부락 전통문화를 계승하고 부족의 정체성을 강화하는 중요한 축제다.

그동안 대만 원주민은 대만에서 자신들의 권리를 제대로 지키기가 쉽지 않았다. 하지만 그들은 대만의 일부이며 오랜 역사를 함께한 민족이다. 이제는 그들이 자신들의 언어, 문화를 지키고 계승할 수 있도록 적극적으로 지지하고 도와야 한다.

## 대만 사람들은 어떤 신을 믿을까?

대만을 여행하다 보면 종종 발걸음을 멈추게 하는 곳이 있다. 시내 거리에 마치 상점처럼 자리를 차지하고 있는 종교 사원이다. 대만 사람들이 가장 많이 믿는 종교는 도교와 불교다. 그리고 도교 신자의 상당수가 민간신앙도 믿는다. 대만에는 '빠이빠이(拜拜)'라는 문화가 있는데, 조상신이나 자신들만의 신에게 제사지내는 것을 말한다.

집안에 사당을 세운 후 조상의 위패와 신상을 함께 놓고 매일 아침 향을 태우며 제(祭)를 올린다. 특히 음력 7월은 '귀신의 달'이라고 하는데, 귀신들이 인간 세상에 나오는 것이 허용되는 기간이라 여겨 귀신의 노여움을 사지 않기 위해 빠이빠이를 행한다.

이러한 민간신앙이 처음 대만에 들어온 시기는 언제일까? 네덜란드는 1624년부터 40년 가까이 대만을 식민 통치했다. 그 후 1662년 명나라 출신의 정성공(鄭成功)이 네덜란드를 몰아내고 대만을 통치했다.

이 시기를 전후로 푸젠성(福建省)의 해안가 사람들과 산속 객가족 사람들이 대만으로 이주했다. 이때 마조(媽祖), 현천상제(玄天上帝), 수선존왕(水仙尊王), 사해용왕(四海龍王) 등의 신을 믿는 민간신앙도 함께 전해졌다.

대만 사람들은 배를 타고 대륙을 왕래하다 보니 예측 불허의 재난과 사고가 잦았고, 이를 두려워했기 때문에 신을 섬기며 마음의 안정을 찾았다.

특히 마조는 여성 신으로 바다에서의 안전을 지켜주는 신이다.

마조신은 대만 사람들에게 인기가 높아 곳곳에서 마조 사당을 자주 볼 수 있다. 마조신은 관세음보살 신앙이 푸젠성의 민간신앙과 합쳐져 만들어진 신으로 추측되는데, 다음과 같은 이야기가 전해온다.

10세기 후반 북송시기 푸젠성 미주(湄洲)라는 섬에서 실제 살았던 임묵(林默)이라는 무녀가 바로 마조라고 한다. 그녀의 어머니가 관음보살에게 우담바라를 하사받아 그것을 먹은 후에 임신하여 마조를 낳았다고 한다. 그녀는 어릴 때부터 신비한 영력을 가지고 있었는데 어느 날 풍랑을 만난 자신의 오라버니들을 구해주었다. 그녀는 신통력이 있어 사람들의 병을 낫게 해주고 난파선을 구조해주는 등 기

마조신상

적을 행했다.

이에 마조는 뱃사람들의 수호신으로 신앙의 대상이 되었다. 마조는 영화, 드라마, 애니메이션 등으로 만들어질 정도로 현재까지 사람들의 수호신으로 자리매김하고 있다.

대만 사람들이 많이 믿는 신으로 재물의 신인 재신(財神)이 있다. 일반적으로 문재신(文財神)과 무재신(武財神)으로 나뉜다. 공무원, 행정직 등은 문재신에게, 무역 등 업무에 종사하는 사람들은 무재신에게 제사를 지내는 경우가 많다.

보통 문재신으로는 중국 상(商) 나라의 정치인 수재진군 비간(比干), 중국 월(越) 나라의 공신인 도주공 범려(范蠡)를 들 수 있다. 비간은 바른말을 하는 충직의 대명사이며, 범려는 상업의 성인으로 불렸다.

무재신으로는 현단진군 조공명(趙公明), 관성제군 관공(關公)이 있다.

전설에 따르면 조공명은 진(秦)나라 때 난을 피해 산시성(陝西省) 중난산(終南山)에 은거하여 득도한 후 천둥과 벼락을 부르고 병을 치료하며, 재물을 구하면 뜻대로 된다고 했다.

조공명 신상은 긴 수염에 검은 얼굴로 머리에는 투구를 쓰고 갑옷을 입었으며, 손에는 쇠채찍을 든 채로 호랑이를 타고 있는 위맹한 모습이다.

관공은 우리가 알고 있는 소설 ≪삼국지연의≫에 나오는 그 관우이다. 촉나라 장군인 관우를 신으로 모신다는 것이 좀 낯설기도 하다. 관우는 타계 후 백성들 사이에서 점점 신격화되어 관공(關公), 관제(關帝)라고 불리었다. 공은 존칭의 의미, 제는 황제의 의미가 있으니 그만큼 관우를 높이 평가하는 것이다.

타이베이의 행천궁은 관우를 본존으로 모시는 유명한 도교 사원이다. 이곳은 많은 직장인과 사업가의 발걸음이 끊이

행천궁

관우신상

지 않는데, 그 이유는 관우신이 재신이기 때문이다. 그런데 관우가 돈을 많이 벌었다는 이야기는 없는데 어떻게 재신이 되었을까?

관우의 고향인 하동 해량 -현재 중국 산시성(山西省) 윈청시 부근-에는 중국에서 제일 큰 소금 호수가 있어 소금 거래가 활발했다.

전해져 오는 이야기에 따르면 관우가 소금 밀무역에 관여했는데, 폭리를 취한 소금 상인을 죽이고(탐관오리를 죽였다는 설도 있음) 도망 다니다가 유비와 장비를 만나게 되었다. 그래서 후에 산시성 소금 상인들은 관우신이 지켜줄 것이라는 믿음으로 관우신상을 가지고 다녔고 소금 상인들이 점차 부유해지면서 관우신을 믿는 사람들이 늘어난 것이다.

또한 《삼국지연의》의 내용을 보면 관우는 유비, 장비와 도원결의를 맺은 후 죽을 때까지 의리를 지켰다. 이러한 관우의 의리, 충성심, 청렴한 품성은 상인들에게 귀감이 되었고 관우를 재신으로 모시게 된 것이다.

상인들은 장사에 있어 가장 중요한 덕목으로 신용을 꼽기 때문에 관우가 자신들의 재물을 보호해줄 것으로 믿는다. 특히 11세기 초 송 황실이 관우 신앙을 국가의 종교로 인정하여 원, 명, 청조까지 국가의 신으로 믿었으니 관우신에 대한 위상은 백성들 사이에서 당연히 클 수밖에 없었.

대만 사람들이 많이 모시는 재신 중에 복덕정신 토지공(土地公)도 있다. 토지공은 도교의 여러 신들 중 비교적 지위가 낮지만 사람들에게 친근한 지방 수호신이다.

토지공은 주(周)나라 때 관리였던 장복덕(張福德)이라고 한다. 토지공의 신상은 백발에 흰 수염, 미소 짓는 노인의 모습으로 친근감이 있다. 토지공은 본래 농민들의 신이었지만 점차 재물을 늘려주는 재신으로 바뀌었다.

맹갑 용산사

타이베이에 가면 꼭 가봐야 하는 사원이 하나 있는데 바로 맹갑 용산사다. 이 사원은 1738년에 푸젠성 이주민들에 의해 건립되었고, 타이베이에서 가장 오래되었다.

태평양 전쟁 당시 연합군의 폭격을 피할 수 있는 대피소로 이용되기도 했는데, 1945년 6월 8일 평소에 없던 모기떼가 극성을 부려 사람들은 경내를 빠져 나갔고, 그날 밤 연합군이 용산사를 일본의 총독부로 오인하여 폭격을 가해 일부가 파손되고 화재가 발생했다. 그랬음에도 관음보살상은 조금도 손상이 없었고, 단 한 명의 피해자도 없었다고 하여 더욱 유명해졌다.

쟈오베이

대만의 사원에 들어서면 무언가가 딱딱 부딪치는 소리를 들을 수 있다. 그것은 바로 반달 나무 조각인 쟈오베이(筊杯)가 바닥에 떨어지는 소리이다.

두 개를 바닥에 던져서 한 개는 볼록한 면(음, 陰), 다른 한 개는 평평한 면(양, 陽)이 나오면 신이 소원을 들어준다는 의미로 해석한다.

대만의 사원에 가면, 자신의 소원을 빌며 쟈오베이를 던져 보는 것도 재미있지 않을까?

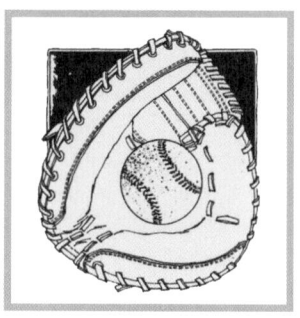

## 대만 사람들의
## 유별난 야구 사랑

대만 화폐 500위안 권의 앞면에는 야구복을 입은 어린 학생들이 기뻐하고 있는 장면이 있다. 주로 역사적 인물의 초상화가 그려져 있는 우리나라 지폐와 비교하면 생소하다. 이 장면이 바로 타이둥현에 있는 난왕초등학교 리틀 야구단이 1998년 케어컵 리틀야구선수권대회에서 우승했을 때의 모습이다.

대만 화폐 500위안 권 앞면

화폐에는 보통 그 나라에서 가장 중요하다고 생각하는 것들을 넣는다.

그렇다면 도대체 대만 사람들은 야구를 얼마나 사랑할까? 야구는 대만을 대표하는 구기 종목이다. 대만 사람들의 야구에 대한 관심은 우리가 생각하는 그 이상이며, 국제 야구 경기에서 한국, 일본과 우승을 다툴 정도로 실력 또한 출중하다.

대만의 야구는 일제 강점기 때 시작되었다. 일본은 미국의 영향을 받아 야구가 발전했고, 일본은 대만에 야구를 전파하였다.

일본은 타이베이를 중심으로 통치했으므로, 자연스럽게 타이베이는 대만 야구의 발원지가 되었다. 광복 후에는 "배부르게 먹고 야구를 본다"란 말이 있을 정도로 야구가 인기 있었다. 어려운 시기에도 배를 채우고 야구는 꼭 본다는 뜻으로 그만큼 야구에 대한 열기가 뜨거웠다.

전후시기(1945~1960년대)에는 다양한 야구팀, 각종 대회가 생겨났고, 그것이 대만 야구 발전의 초석이 됐다.

1960년대에서 1980년대는 어린이 야구, 청소년 야구, 청년 야구가 발전하였다. 특히 타이둥의 훙예초등학교(紅葉國小) 리틀야구단은 우승을 많이 했으며, '훙예전기(The Red Leaf Legend)'라는 영화로 만들어질 정도로 대만 사람들에게 인기가 높았다.

훙예초등학교의 경기 중, 지금까지도 회자되는 경기가 있다. 바로 1968년 8월 25일 타이베이 시립 야구장에서 치러진 훙예초등학교 야구팀과 일본 간사이 지역에서 선발된 주니어 야구 올스타팀과의 경기다. 누구도 대만팀이 승리하리라고 예상하지 못한 이 경기에서 훙예팀은 일본팀을 7:0으로 제압하였으며, 이는 과거 일본의 식민 지배를 받았던 대만이 일본의 최강팀을 이겼다는 점에서 많은 사람에게 큰 감동을 주었다.

진룽 리틀야구단의 세계 리틀리그 베이스볼
월드시리즈 우승 사진

이듬해 1969년에는 대만 전역에서 선발하여 구성한 진룽(金龍) 리틀야구단이 미국 윌리엄스포트에서 열린 세계 리틀 야구 대회에서 대만 최초로 우승을 차지하며 대만 국민들에게 큰 자부심을 선사했다.

1982년 서울에서 열린 세계 야구 월드컵에서 대만 야구팀은 4위를 차지했다. 그 이듬해 아시아 야구 선수권 대회에서 한국, 일본, 대만이 5승 2패로 공동 우승함으로써 올림픽 출전권을 획득했고, 1984년 LA올림픽에서 동메달을 획득했다.

같은 해에 열린 세계 야구 선수권 대회에서는 쿠바에 이어 은메달을 획득했고, 1986년과 1988년 세계 야구 선수권

대회에서는 동메달을 획득했다. 그 후 1992년 바르셀로나 올림픽에서 은메달을 따면서 최고의 성과를 이루어 냈다. 이때 경기에 참여했던 선수들이 현재 각 야구단의 감독, 코치로 활약하고 있다.

리틀야구단의 성공으로 인해 많은 청소년들이 큰 꿈을 품고 야구에 입문했지만, 성인이 된 후 실업 리그의 조건은 기대에 못 미쳐 발전이 정체되었다. 그리고 실력 있는 유명 선수들은 대만 리그보다는 대우가 좋은 일본 리그로 진출하여 대만의 야구는 발전하지 못했다.

이때 이 위기를 타파하기 위해 노력한 사람이 바로 슝디(兄弟) 호텔 그룹 회장인 훙텅성(洪騰勝)이다.

그는 야구 시장의 침체를 프로화로 풀어야 한다고 주장했다. 그 후 1987년 12월 31일에 프로야구 준비위원회가 만들어지고, 1989년 10월 23일에 드디어 중화 프로야구 연맹(CPBL)이 출범했다.

최초의 대만 프로 야구 리그에 참여한 구단은 총 4팀인데, 슝디 엘리펀츠, 퉁이 라이언, 싼상 타이거, 웨이취안 드래곤이다. 이로써 대만은 일본, 한국에 이어 아시아에서 세

번째로 프로야구를 시작하였다.

1990년 대만 프로야구가 생긴 후 대만 야구는 큰 발전을 이루었다. 먼저 선수들의 사회적 지위가 높아졌고, 각 구단의 팬층이 두터워졌을 뿐만 아니라 프로야구 관중도 기하급수적으로 늘어났다. 프로 구단도 늘어나 1993년에는 스바오 이글스, 쥔궈 베어즈 두 팀이 더 늘고, 1996년에는 허신 웨일즈(이후 중신 웨일즈로 개명)가 가입하여 총 7개 팀이 되었다.

그리고 1996년에 TML(Taiwan Major League)이라는 새로운 리그가 창설되었다. 이 리그에는 네 구단이 참여하게 되는데, 그것은 바로 타이베이 타이양, 지아난 용스, 가오핑 레이공, 타이중 진강이다. 바야흐로 대만 프로야구 최고의 전성기가 도래한 것이다.

그러나 1996년 이후 승부 조작 사건으로 인한 암흑기가 찾아왔다. 수십 명의 선수가 구속되었고, 그로 인해 각종 광고 수익, 관중 수가 줄어들어 구단 재정이 악화되었을 뿐 아니라 1998년에 스바오 이글스가 해체되기까지 하였다. 설상가상으로 운영에 어려움을 겪게 된 싼상 타이거, 웨이취안 드래곤도 1999년 해체되었다. 게다가 2005년 다시 승부조작 사건이 발생했고, 야구계는 자정 노력을 시도했으나 큰 효과를 보지 못했다.

대만 프로야구 양대 리그 CPBL과 TML은 어느 하나의 인기가 떨어질 경우 다른 한쪽도 타격을 받을 수밖에 없기 때문에 2003년 CPBL로 통합하였다.

이후 대만 야구는 2004년 아테네 올림픽에서 5위라는 좋은 성적을 거두었다. 특히 일본과의 경기는 비록 패배했지만, 좋은 경기력을 보여주어 대만 국민들이 자부심을 느낄 수 있었다. 이 경기에서 미국으로 진출한 3인방이 큰 활약을 했는데, 뉴욕 양키스의 왕젠민(王建民) 투수, LA 다저

천진펑 타자

스의 천진펑(陳金鋒) 타자, 콜로라도 로키스의 차오진후이 (曹錦輝) 투수이다. 특히 천진펑은 일본과의 경기에서 3점짜리 홈런을 쳐서 일본 킬러라는 별명을 얻었다.

2013년 WBC(월드베이스볼클래식)에서 대만 야구 역사상 최초로 8강에 진출하면서 야구에 대한 국민들의 관심이 더욱 커졌다. 그리고 2024년 프리미어12 대회에서 대만 야구대표팀은 일본을 꺾고 우승을 차지하였는데, 이에 따라 조만간 500위안의 지폐모델이 24년 우승팀의 도안으로 바뀔 것이라고 예고 되기도 하였다. 또한 야구의 인기는 야구 종목 자체 뿐 아니라 치어리더들에게도 큰 인기를 안겨주게 되는데, 연예인에 버금가는 인기를 구가하여, 최근에는 우리나라의 유명한 치어리더들이 대만에 가서 활동하는 경우도 빈번하게 발생하고 있다.

## 소확행을 누리는
## 대만 사람들

대만을 방문했던 한국 사람들은 대만 사람들이 하나같이 친절하고 다정다감하다고 이야기한다. 외국인들의 눈에 비친 대만은 양안문제로 불안정한 상황임에도 불구하고 일상에서 소소한 행복을 느끼며 살아가는 것으로 보인다.

유엔 산하 자문기구인 '지속가능개발 해법 네트워크(SDSN)'는 2012년부터 세계행복보고서를 발표하고 있다. 세계행복지수는 소득(1인당 국내총생산, GDP), 사회적 지원, 기대수명, 선택의 자유, 관용, 신뢰(부정부패) 등 6개의 핵심 변수를 측정해 합산하여 산출한다.

2022년 조사 대상 국가는 모두 156개국이며, 1위는 2년 연속 핀란드가 차지했다. 대만은 전체 26위로 아시아 국가 가운데에서 1위를 차지했다. 2018년 이후로 대만은 계속 상위권이었다. 한국은 59위로 대만과는 꽤 많은 차이를 보였다.

물론 행복이라는 것은 주관적인 감정이기 때문에 수치로 비교하기 어렵고, 국가의 행복지수가 높다는 것이 개개인이 행복하다는 것을 말해주는 것은 아니다. 때문에 대만 사람들이 한국 사람들보다 행복하다고 말하기는 어렵지만, 행복지수가 꾸준히 상위권을 유지하는 대만의 실제 모습을 살펴보는 것은 우리에게 큰 의미가 있다.

2021년 대만 사람들의 평균임금은 43,211위안으로 한화 약 186만 원 정도가 된다. 대략 우리나라의 절반 수준에 해당한다. 그리고 대만의 대졸 초임은 한화 약 125만 원이며, 매년 임금인상률은 점점 낮아지는 추세이다. 행복이 반드시 경제 수준과 비례하는 것은 아니지만, 대만 사람들이 한국 사람보다 행복지수가 훨씬 높다는 조사 결과를 이해하려면 그들의 일상생활 속으로 들어가 살펴보아야 한다. 대만 사람들에게는 소박하고 실용적인 태도가 배어 있다. 대만 사람들을 만나게 되면 가장 먼저 놀라는 것이 그들의 너무나 편안한(?) 옷차림이다. 짧은 겨울을 제외하고 연중 30도를 웃도는 덥고 습한 기후 때문에 형식적으로 차려입는 것을 불편하게 생각한다.

대만은 기본적으로 이주민들이 모여 사는 곳이다. 대만 섬의 원래 주인이었던 원주민, 중국 푸젠성에서 이주해 온 민남인(閩南人), 북방 민족의 침략에 이주해 내려온 객가인, 1949년 국민당 정부와 함께 이주해 온 중국 각지의 외성인들이 한데 어우러져 사는 대만은 기본적으로 다양한 사람들이 모여 사는 다민족 공동체이다. 이들은 오랜 기간 지배당했던 아픈 역사를 통해 서로 관용을 베풀고 포용할 수밖에 없다는 것을 잘 알고 있다.

특히 2019년 5월 17일은 대만 동성애자들에게 역사적인 날이었다. 국회에서 동성결혼을 인정하는 법안이 통과된 것이다. 아시아 최초로 마침내 대만의 '동지(同志)'-대만에서 성소수자를 지칭-들이 긴 투쟁 끝에 승리하게 된 것이다. 서로의 다름과 차이를 인정하고 함께 지내는 사람들에게 행복을 추구할 권리를 인정해준 것이다.

또한 대만은 민족적으로 남방계가 대다수를 이루기 때문에 천성적으로 낙천적인 사람들이 많다. 그리고 대만이 아시아 국가 가운데 비교적 일찍 경제적으로 성공했다는 것도 그들이 여유 있는 태도를 가지게 된 이유 중의 하나다.

대만은 세계에서 손꼽히는 사회 보장제도를 갖춘 나라다. 잘 보장된 의료보험제도는 사람들을 여유롭고 편안하게 살아갈 수 있도록 한다. 외국인들도 일정 금액만 지불한다면 내국인과 똑같이 보장받을 수 있다.

일찍이 시행된 의무 교육제도 역시 안정된 국가의 기틀을 잡는 데 큰 공헌을 했다. 대만의 대학은 국립대학이 다수를 차지하고 있기 때문에 학비 부담도 다른 국가에 비해서 크지 않다. 질 높은 교육을 나라에서 책임지고 있는 것은 국민들의 삶의 질에 직접적으로 영향을 미친다.

대만은 1998년부터 주 5일 근무제를 실시하였고, 일과 돈보다는 여가와 가정을 중요하게 생각한다. 가급적 정시에 퇴근하고 이후의 시간은 가족들과 함께 보내는 것이 일반적이다. 휴일에는 대부분 야외로 나가서 자연과 함께하는 경우가 많은데, 타이베이에 있는 대규모 도심 생태공원 다안(大安) 삼림공원은 시민들의 대표적인 휴식처다.

2016년 민주진보당 차이잉원 정부의 출범 이후 실시된 최저임금법과 친서민 정책, 그리고 반도체 핵심 산업의 육성을 통한 경제 발전, 물가안정 우선 정책들은 대만 사람들을 행복하게 만드는 데 큰 역할을 했다.

영국 시사주간지 《이코노미스트》의 연구기관인 EIU가

다안(大安) 삼림공원

2021년 세계 민주주의 보고서를 발표했는데, 대만이 아시아에서 1위, 세계에서 8위를 기록했다(한국은 세계 16위). 2020년에는 전 세계가 코로나19 팬데믹으로 큰 타격을 입었는데, 대만 정부의 대응은 세계적인 모범사례로 두각을 나타냈다. 중국과 밀접하게 연결되어 있었지만, 발 빠른 초기대응으로 국민들을 안심시켰고, 강력한 입국 통제를 통해 방역을 성공적으로 이루어냈다는 평가를 받았다.

코로나19 펜데믹 상황이 발생하자 대만 정부는 마스크 수출을 제한하고 마스크를 일괄 구입해서 국민들에게 저렴하게 배포했으며 마스크 재고를 파악할 수 있는 프로그램을 개발하여 시민들의 불편을 덜어주었다.

〈나는 괜찮으니 당신 먼저 받으세요〉 마스크 양보 캠페인

이에 시민들도 정부의 정책에 적극적으로 협조하게 되었고 서로 마스크를 양보하는 모습을 보이기도 했다.

대만 사람들의 행복은 경제 성장보다는 소박하고 실용적인 삶의 태도, 탄탄한 사회적 안전망, 정부에 대한 신뢰, 자유, 서로에 대한 관대함 등에서 비롯된 것이 아닐까?

버블티, 망고빙수로만 대만을 알고 있었다면 그동안 잘 몰랐던 대만 사람들의 매력에 흠뻑 빠져보는 것은 어떨까? 맛있는 것을 먹고 멋진 풍경을 보고 오는 '관광'이 아니라 그곳에서 사는 사람들을 천천히 살펴보고 그들처럼 느긋하게 지내보면서 소소한 행복을 느끼는 여행을 한다면 매우 흥미로운 경험이 될 것이다.

## 서점에서 힐링하는 사람들

대만을 여행하려고 할 때 머릿속에 떠오르는 여행지는 어디일까?

중화 문화의 정수를 볼 수 있는 국립 고궁박물원, 대만의 근현대사를 보여주는 국부 기념관과 중정 기념당, 타이베이 랜드 마크인 101빌딩, 영화 〈말할 수 없는 비밀〉의 배경인 아름다운 항구도시 단수이 등은 대만을 찾는 여행자라면 누구나 가보고 싶어 하는 곳들이다.

하지만 누구나 들르는 여행코스에서 살짝 벗어나 대만의 서점을 구경해보는 것은 어떨까?

책을 좋아하는 사람들은 물론 책을 잘 즐기지 않는 사람들도 모두 만족할 수 있는 곳이 바로 대만의 서점이다. 대만의 서점 가운데 가장 가볼 만한 곳은 청핀(誠品) 서점이다. 1989년 문을 연 이 서점은 대만에서 가장 규모가 크고 역사가 오래된 곳으로, 현재 대만과 홍콩, 중국, 일본 등에 40여 개의 점포가 있고, 대만에만 직원이 약 700명 정도나 되는 명실상부한 대만의 대표 서점이다.

창업자인 우칭유는 무려 38년간 이어졌던 계엄령이 해제된 후, 대만에서 인문·예술과 관련된 생활문화가 거의 사라

청핀서점에서 책을 고르는 사람들

진 것을 아쉬워하며 이 서점을 열었다.

그동안 억눌렸던 다양한 욕구들이 분출되기 시작하는 사회의 분위기와 맞물려 자그마한 인문·예술 전문서점을 연 것이 그 시작이었다. 이후 1995년에는 복합 문화 기업으로 변모하면서 도서 이외에도 쇼핑몰, 콘서트홀, 영화관, 공연극장, 갤러리, 레스토랑, 카페, 바 심지어 호텔까지 여러 업종을 운영 중이다.

창업자는 주방 설비회사를 운영하여 번 돈을 모두 투자하여 사회에 봉사한다는 마음으로 서점을 운영한다. 서점에 들어서면 은은한 클래식 선율과 함께 세계 각국의 명저들을 만나게 된다.

추천하고 싶은 곳은 그림책 판매대다. 한 층을 통째로 어린이 서점으로 꾸며 놓았는데, 중국어를 모르는 사람도 구경하다 보면 시간 가는 줄 모르고 동심의 세계로 푹 빠져 잠시나마 어린 시절로 돌아간 듯한 기분을 만끽할 수 있다. 또한 그 옆에는 대만 특유의 사랑스러운 굿즈와 허기를 달래줄 대만 대표 미식이 가득하다.

특히 오르골 매장은 뻔하지 않은 여행 선물로 인기 만점이다.

좀 더 특별한 숙소를 찾는 사람들을 위해서 청핀에서 운영하는 호텔을 추천한다. 호텔 '청핀여행'의 1층 라운지에는 약 5,000여 권의 책이 전시되어 있다. 편안한 의자와 테이블은 책의 세계로 흠뻑 빠지는 새로운 여행 경험을 제공한다.

하지만 최근 들어 대만 역시 서점 경영이 어렵기는 한국과 마찬가지다. 2000년대 이후에 디지털 매체에 익숙해진 사람들은 점점 책을 외면하고, 온라인 서점들의 거센 도전으로 대만 사람들도 좀 더 편리하고 저렴하게 책을 구입하는 데 익숙해졌다. 이에 청핀 서점에서는 독립출판사에서 만든 책만을 판매하는 전용 코너를 운영하는 등 독서 시장을

청핀서점 아동관

호텔 〈청핀여행〉 라운지

넓히기 위해 노력하고 있다.

어려운 상황에서도 대만의 젊은 세대를 주축으로 독립서점 열풍이 불고 있다. 이는 2013년부터 시작된 대만 정부의 지원금 정책 때문이다. 개점 시 규모나 사정에 따라 연간 수만 위안 정도의 보조금을 지원해준다. 작은 서점들을 지원하기 위해 보조금 정책을 실시한 것은 자신들의 전통을 지켜야 한다는 생각 때문이다.

독립서점들은 각각 다양성과 편안함을 내세우고 작은 서점끼리 연합하여 책을 돌려가며 판매하기도 한다. 작은 독립서점들은 독서 모임과 스터디 모임 등을 이끌면서 문화 공간으로서의 역할도 하고 있다.

책을 좋아하는 사람이라면 수많은 독립서점이 밀집해 있는 중산 지역으로 가볼 것을 권한다.

독특한 색깔을 지닌 서점들마다 개성을 살려 책을 진열한 후 독자를 기다리고 있다. 서점 안의 카페에 앉아 책을 읽는다면 그 순간만큼은 여행객이 아닌 느긋한 대만 사람이 된 기분을 느낄 수 있을 것이다.

시집 전문 서점 '시생활'은 홍콩 출신 시인이 운영하는 서점이다. 서울에 있는 '위트 앤 시니컬'이라는 서점을 떠올리게 하는 이 서점은 시집만을 판매하며, 자체 제작 굿즈와 커피와 차 등의 음료도 판매한다.

라이프스타일 서점 'Garden City Bookstore'는 대만 독립서점의 개척자라고 할 수 있다. 2004년에 문을 연 이 서점은 꾸준히 전시회나 이벤트를 개최하면서 조용히 손님을 기다린다.

그리고 낡은 건물 1층에 숨어 있는 셀렉트 서점 'Wildflower Bookstore'는 일본과 유럽에서 사들인 중고 책과 그에 어울리는 오브제가 보기 좋게 진열된 서점이다.

또한 매일 많은 사람이 출퇴근이나 통학을 위해 지나다니던 중산(中山)역 지하상가를 개조해서 만든 '청핀R79'는

'독서를 좋아하지 않는 사람들도 언젠가는 책 한 권을 손에 들고 돌아갈 것'이라고 믿는 창업자의 생각이 반영된 곳이다.

대만 인디밴드 '투명잡지'가 경영하는 힙한 음악 관련 서점 '웨이팅룸'은 책과 레코드, CD, 옷과 잡화까지 취급하는 편집 숍이다. 매장 입구에는 턴테이블이 놓여있고 대만이나 일본 아티스트들의 라이브 공연도 이루어진다.

아트 디자인 갤러리 서점 '폰딩'은 유럽과 대만의 문화가 잘 어우러진 공간이다. 런던 유학 경험이 있는 서점 주인은 책도 있고 카페도 있고 전시도 하는 복합공간을 통해서

지하보도 서점 청핀R79

독립서점 폰딩

사람들에게 특별한 경험을 제공하기 위해 이 공간을 만들었다. 디자인과 예술, 문학에 관심이 있는 사람들이 가보면 좋은 곳이다.

"한 도시의 독창성은 독립서점의 수로 알 수 있다."라는 말이 있다. 대만을 만드는 소프트파워는 바로 이 작은 서점들과 독립 출판물들일지도 모르겠다.

다양한 목소리를 자유롭게 낼 수 있는 사회의 분위기 또한 그들이 가진 훌륭한 자산이다.

## 대만 사람들은
## 지진이 두렵지 않다

대만 영화 〈그 시절, 우리가 좋아했던 소녀〉는 홍콩, 우리나라 등 아시아권에서 많은 사랑을 받았다. 이 영화의 중간 부분에 나오는 지진 장면은 영화 전개의 중요한 복선으로 등장한다.

영화에서는 왜 01시 47분을 가리키는 시계를 클로즈업했을까?

9.21 지진으로 떨어지는 야구공과 01시 47분을 가리키는 시계
(출처 : 영화 화면 갈무리)

대만 중북부 신주에 있는 국립 교통대학 학생인 남자 주인공은 기숙사에서 생활하고 있었다. 한밤중 시계가 새벽 01시 47분을 지나는 순간, 책상 위 야구공이 또르르 굴러 떨어지더니 건물이 크게 흔들리고 전기가 끊긴다. 건물 밖으로 대피한 남자 주인공이 타이베이 교육대학을 다니는 여자 주인공에게 아주 오랜만에 전화해서 "타이베이에는 호텔도 무너졌다던데?"라고 말한다.

그 이유는 대만 사람들에게 '01시 47분'이라는 숫자는 1999년 발생한 끔찍한 지진을 떠오르게 하기 때문이다. 우리나라 사람들에게는 〈응답하라 1994〉에서 묘사됐던 삼풍백화점 붕괴 사고가 큰 트라우마로 남은 것처럼, 대만 사람들에게 '01시 47분'은 충격적 공포의 지진 그 자체이다.

1999년 9월 21일 화요일 새벽 01시 47분, 대만의 중부지방인 난터우(南投)현에서 리히터 규모 7.7의 대지진이 발생했다. 2,415명이 죽고, 29명이 실종되었으며, 1만 명이 넘는 부상자가 발생한 엄청난 지진이었다.

당시 보도에 따르면 대만 섬 전체에서 큰 진동이 감지되었을 뿐만 아니라, 건물이 땅 밑으로 빨려 들어가는 등 상상하기 힘든 일들이 많이 벌어졌다고 한다.

9.21 지진으로 기울어진 건물

지진으로 무너진 광푸중학 교사

진앙은 광푸(光復)중학교가 위치한 곳이었는데, 지진이 워낙 강력했기 때문에 학교 건물과 운동장이 완전히 파괴되었다. 보통 건물이 무너지면 그 자리에 새로 짓지만, 이 학교는 약 1km 정도 떨어진 곳에 새로 건물을 지어 이사했으며, 원래 자리에는 박물관을 지어 지진에 대한 경각심을 높이는 교육 장소로 활용하고 있다.

박물관의 이름은 '국립 자연과학 박물관 9.21지진교육원 지구'로, 무너진 건물을 그대로 두고, 더 무너지지 않게 보강 공사만 해둔 채, 지진에 대한 현장학습이 가능한 박물관으로 조성하였다. 이곳에 가보면 운동장의 달리기 트랙

이 끊어져서 땅 밑으로 가라앉은 모습을 볼 수 있다. 그리고 가라앉은 길을 따라 내려가면 운동장 밑에 꾸며놓은 전시관도 볼 수 있다.

우리는 보통 '지진이 자주 발생하는 곳'으로 아주 쉽게 '일본'을 떠올린다. 뉴스에서도 종종 후지산이 폭발할 것 같은 징조가 보인다는 등의 기사를 볼 수 있고, 2011년 동일본에 발생한 엄청난 지진의 여파로 후쿠시마 원전이 폭발하면서 방사능이 누출되는 사고가 있었던 기억이 아직 생생하기 때문이다.

언론에서 일본의 지진 원인을 분석할 때 자주 '불의 고리'라는 말을 사용하는데, 이 '불의 고리'의 정식 명칭은 '환태평양 조산대'로, 태평양 주변의 지진과 화산 활동이 자주 일어나는 지역들을 가리키는 말이다.

대만은 유라시아판과 필리핀판의 경계에 위치하여 지진 활동이 매우 활발하기에, 대만 사람들은 지진에 대한 대비 및 훈련이 매우 철저하다.

우리나라에서는 2017년 포항 지진 당시 많은 사람이 크게 당황하며 우왕좌왕했고, 그 이후에야 민방위 훈련 등에서 지진 대비 교육을 대폭 늘렸는데, 대만은 이미 옛날부터 지진에 대한 대비가 생활화되어 있다.

대만으로 유학 갔던 사람들이 공통으로 이야기하는 경험 중에, 지진과 관련된 것을 빼놓을 수 없다. 한국인 유학생은 흔들림이 발생해도 지진인 줄 깨닫는 데 시간이 오래 걸리고, 지진인지 깨닫고 난 뒤에도 어떻게 할 줄 몰라 당황하지만 대만 사람들은 지진의 진동에 즉각적으로 반응하며, 한 사람도 빠짐없이 위험한 곳에서 금세 안전한 곳으로 대피해서 놀랐다고 한다.

그만큼 대만 사람들은 지진에 민감할 뿐만 아니라 대처 요령도 잘 숙지하고 있다. 또한, 지진이 일어났을 때 피해를 줄일 수 있는 여러 방법이 생활 곳곳에 드러난다.

대만은 섬 전체가 산악지대이다. 그래서 산을 깎아서 도로를 내야 하는 경우가 매우 많은데, 산악지대 역시 지진의 영향이 없는 것이 아니라서, 지진이 날 때마다 산사태가 발생하고, 산사태가 발생하면 도로가 토사나 낙석에 의해 폐쇄될 가능성이 크다. 그러므로 대만 사람들은 토사나 낙석이 발생하더라도 산간 도로가 막히지 않게 하려고 사진과

대만의 산간 도로

같이 도로에 덮개와 같은 구조물을 설치한 구간이 많다. 언뜻 보면 그냥 터널이 아닌가 싶겠지만, 이것은 낙석이나 토사가 발생해도 도로에 직접 떨어지지 않게 설치한 덮개식 구조물이다.

대만의 산간 도로를 다니다 보면 사진과 같은 덮개 위에 낙석이 그대로 방치된 모습을 심심찮게 발견할 수 있다. 워낙 지진이 자주 발생하다 보니 발생할 때마다 도로를 치우는 것보다 덮개 위로 돌이 떨어지도록 하여 도로의 파손을 최소화하는 방법을 채택한 것이다.

관광객이 타이베이에 가면 꼭 방문하는 곳 중 하나가 바로 '타이베이 101빌딩'이다. 높이가 508m로 세계에서 열 손가락 안에 꼽히는 마천루인데, 타이베이의 멋진 전경을 감상하기 아주 좋아서 많은 사람이 방문하는 곳이다.

그런데 타이베이는 지진이 빈번한 곳이기 때문에 보통의 건축 방식으로 지을 경우 지진으로 건물이 흔들릴 때 안정적으로 서 있기 어렵다.

대만에서는 어떤 지역, 어떤 건물이든 지진을 견딜 수 있는 내진 설계가 필수다. 그래서 낮은 높이의 오래된 건물이더라도 전부 내진 설계가 되어 있다.

그렇다면 높이가 500m가 넘는 초고층 빌딩은 어떤 방식으로 내진 설계를 했을까?

타이베이 101빌딩을 짓기 시작하던 1999년까지만 하더라도 대만에서 가장 높은 건물은 가오슝의 85층 타워였는데, 이보다 무려 150m나 더 높은 타이베이 101빌딩의 건축은 세계인이 주목하는 엄청난 도전이었다. 게다가 건축을 계획한 당시만 하더라도 타이베이 101빌딩은 세계에서 가장 높은 건물이었기 때문에 더더욱 정교한 기술이 필요했다.

타이베이 101빌딩의 댐퍼

원래 고도가 높아질수록 바람이 거세지기도 하고, 빌딩에 부딪힌 공기가 소용돌이를 일으켜 소위 '빌딩풍(building wind)'이라는 현상이 일어나기 때문에 고층 건물은 바람의 충격에 의한 흔들림을 최소화할 수 있도록 설계해야 한다. 그런데 타이베이는 지진까지 잦은 지역이니 건물의 흔들림을 최소화하기 위한 특별한 방법이 필요했다.

그 특별한 방법이 바로 '댐퍼(damper, 진동 제어 장치)'다. 간단히 말하면 큰 추를 건물 상단에 매달아 두는 것인데, 타이베이 101빌딩의 댐퍼 무게는 약 660t 정도라고 하며, 89층 전망대에서 직접 관람이 가능하다.

댐퍼의 원리는 매우 간단한데, 바람이나 지진 등으로 건물이 흔들린다고 하더라도 공중에 매달린 무거운 추는 가만히 있으므로 건물이 원래의 위치로 금세 돌아온다는 것이다.

자연재해인 지진은 인간의 힘으로는 막을 수 없지만, 지진이 발생했을 때 피해를 최소화하기 위해 노력해야 한다는 점은 잊지 않아야 한다. 대만 사람들은 언제나 지진과 함께 생활하고 있다. 문화 예술 분야에서도 지진이 언급되는 경우도 많고, 일상생활에서도 지진에 잘 대비하고 있다.

그들은 지진으로 발생한 참상을 잊지 않으려 노력하며, 항상 위기에 대처하기 위한 교육을 철저히 하고 지진에 대비한 설비를 갖추고 있다.

## 발암물질을 씹는 사람들

대만에서는 길바닥이 붉게 물든 것을 종종 볼 수 있다. 언뜻 보면 거리에 피가 흘러있는 것처럼 보이기도 하지만, 사실은 씹고 버려진 빈랑(檳榔) 열매의 흔적이다.

빈랑은 술, 담배, 커피에 이어서 세계적으로 인기 있는 중독성 높은 물질이다. 대만에는 일종의 씹는담배처럼 빈랑을 씹는 사람들이 많다.

젊은 사람보다는 나이가 많은 사람이, 또 여성보다는 남성이 주로 즐긴다. 하지만 1급 발암물질 성분이 포함되어 있어 건강에는 매우 치명적이기 때문에 정부에서는 빈랑을 퇴치하고자 노력한다. 그럼에도 불구하고 이미 중독된 사람들은 치아가 빨갛다 못해 까맣게 변해버린 이후에도 끊지 못한다.

빈랑나무의 열매인 빈랑을 씹는 것은 대만뿐만 아니라 인도, 말레이시아, 베트남, 필리핀 등 동남아시아 국가에서 하나의 문화로 정착했다.

빈랑나무는 아시아의 열대 지역과 동아프리카 및 오세아니아에 분포하는 야자나무과의 나무로 언뜻 보면 야자수처럼 생겼다.
차이점은 야자수에 걸린 코코넛 대신에 노란색이나 주황색의 작고 동그란 열매가 달려 있다는 것이다.
빈랑은 붉은색을 내는 천연 염료로도 사용되는데, 대만을 비롯한 동남아시아의 여러 국가에서 주로 기호식품으로 소비한다.
씹는 용도로는 아열대 지역의 해발 고도 400~900m에서 자란 것이 식감이 가장 좋아서 가격도 비싸다.

빈랑 가게

대만에서 '檳榔(빈랑)'이라는 간판이 쭉 늘어선 거리를 볼 수 있는데 이 모습과 뗄 수 없는 독특한 풍경이 바로 노출이 심한 의상을 입은 젊은 여성들의 모습이다.

이 여성들은 주로 짧은 치마나 비키니를 입고 빈랑을 판매한다. 빈랑의 주 고객층은 남성이고 그중에서도 장거리 운전기사나 고된 노동을 하는 노동자가 많은데, 이들이 빈랑의 각성, 환각 작용에 중독되어 빈랑을 주로 구매한다. 판매하는 여성이 의상을 선정적으로 입을수록 인기가 많고, 빈랑의 판매량이 증가한다. 이 여성들을 '빈랑 서시(檳榔西施)'라고 부른다. '서시'는 중국 4대 미인 중 하나로 꼽

빈랑 서시

히는 춘추시대 월나라 출신의 절세 미녀이다.

중독성이 강한 빈랑은 즐기는 방식이 독특하다. 빈랑의 각성, 환각 작용을 극대화하기 위해서 석회를 바른 베틀후추나무 잎에 빈랑을 넣고 돌돌 말아서 함께 씹는다.

빈랑의 맛은 어떨까?

빈랑을 씹으면 묘한 향이 입안에 확 돌면서 거부감을 느낄 정도로 이상한 맛이 혀를 강하게 자극한다. 딱딱한 빈랑을 질겅질겅 씹으면 목구멍이 조여 오는 느낌과 함께 서서히 몸 전체에 열이 퍼지면서 온몸이 나른해진다.

빈랑에 중독되어 계속 씹다 보면 치아가 검붉게 변색되는데, 이렇게 변색된 치아는 다시 하얗게 되돌릴 수 없다. 마치 입에 레드와인을 한 모금 머금고 있는 것처럼 보인다. 그러나 치아 변색보다 더 무서운 것은 빈랑을 자주 씹는 사람이 구강암에 걸릴 확률이 높다는 사실이다. 대만에서 구강암에 걸린 사람 중 90%가 빈랑을 씹는 습관이 있다는 통계가 있다.

2004년 세계보건기구(WHO)는 빈랑의 '아레콜린' 성분을 1급 발암물질로 분류하였다. 구강암은 우리나라에서는 흔하지 않은 암(발생률 11위)이지만 빈랑을 즐겨 씹는 대만 및 동남아 일대에서는 발병률이 굉장히 높은 암이다. 구강암의 주된 원인은 빈랑, 흡연, 음주다. 연구 결과에 따르면 구강암 발생률은 빈랑, 흡연, 음주를 전혀 하지 않는 사람

빈랑을 베틀후추나무
잎에 넣고
돌돌 마는 모습
(출처 : 구글)

에 비해 빈랑을 씹는 사람의 경우 28배, 흡연과 음주까지 함께 하는 경우는 123배까지 높다고 한다.

구강암은 대만 남성의 암 발생률과 사망률 4위를 차지한다. 대만 남성과 여성의 구강암 발생 비율은 9대 1인데 빈랑의 주 소비층이 남성인 것과 깊은 관련이 있다.

2019년 중화권 톱스타 류더화를 빼닮은 외모의 40대 남성이 구강암으로 인해 멋진 외모뿐만 아니라 혀까지 잃고 말을 제대로 하지 못하는 모습이 뉴스에 소개된 적이 있다.

이 남성은 장거리 운전을 자주 해야 했기 때문에 21살 때부터 각성 효과를 위해 매일 빈랑을 씹었다고 한다.

그는 매일 50~100개의 빈랑을 즐겼다. 그렇게 20년이 넘는 긴 시간 동안 빈랑을 씹었고 어느 날 혀에 통증이 심해서 병원을 찾았는데, 설암 2기 진단을 받고 혀와 턱을 절반이나 잘라내야 했다. 그리고 자신의 종아리뼈 일부를 이용하여 3D 프린팅을 통해 아래턱뼈를 재건하는 큰 수술을 진행했다.

그는 수술을 받은 후 "저는 빈랑을 20년 넘게 씹었습니다. 여러분은 절대로 빈랑을 씹지 마세요."라며 자신의 불행한 사연을 널리 알려 빈랑 중독자들에게 하루빨리 빈랑을 끊으라고 독려했다.

대만에서는 정부가 나서서 각종 구강암 예방 정책을 실시하고 있다. 이런 노력에 힘입어 빈랑 소비 인구 비율이 2007년 17.2%에서 2018년 7% 이하로 떨어졌다고 한다. 빈랑 소비가 떨어지기 시작한 2007년을 기준으로 약 2년 뒤 2009년부터는 구강암 발생률이 둔화하기 시작했고 마침내 2014년도부터는 눈에 띄게 감소하였다. 전 세계에서 유일하게 정부 주도로 구강암 검진을 정기적으로 실시하고 있는 곳이 바로 대만이다.

또한 정부는 2002년 빈랑 서시가 신체를 과하게 노출하는 것을 금지하기 시작했다. 그후 빈랑 판매점은 도시에서 밀려나 고속도로 나들목 근처나 지방 도로 길가 등에 자리하게 되었다. 최근에는 빈랑을 판매하던 젊은 여성들이 판매 수익이 더 큰 온라인 라이브 방송으로 떠나면서 빈랑 서시의 수가 줄고 있다.

1990년대 이후 빈랑은 대만 경제의 중요한 산업 중 하나로 재배 면적 비율이 가장 높은 작물이었다. 생산량은 연간

10만 톤 이상에 달하며 빈랑 재배 및 판매로 생계를 유지하는 인구도 많다. 또 빈랑의 판매 소득이 매우 높은 만큼 빈랑을 완전히 퇴치하기까지는 더 오랜 시간이 필요해 보인다. 정부는 빈랑 농가에 다른 작물을 재배하도록 계도하며 보조금도 지원하고 있다.

빈랑은 세계 일부 지역에서 생산 판매가 금지되었고 일부 국가에서는 마약으로 분류하고 있다. 대만에서 가까운 중국 푸젠성 샤먼시는 1996년에 빈랑의 생산, 판매, 식용을 모두 금지했다. 싱가포르, UAE, 터키, 캐나다, 호주 등의 국가 뿐만 아니라 우리나라에서도 빈랑을 마약으로 취급하여 빈랑을 소유하거나 판매하는 것을 금지한다.

대만 여행 후 우리나라로 귀국하거나 다른 나라로 이동할 때 빈랑을 소지하고 있으면 마약 소지 및 운반으로 처벌받을 수 있으니 각별히 조심해야 한다.

## 대만도
## 일본의
## 식민지였었다고?

대만은 오래 전부터 유럽과 중국 대륙, 일본 등의 영향을 받아왔고, 다양한 민족이 함께 만든 특별한 문화를 갖고 있다.

현재 대만 사람을 구성하고 있는 절대 다수의 민족은 한족인데, 대만의 한족은 다시 본성인과 외성인으로 나눌 수 있다.

대만 전체 인구 약 2,350만 명 가운데 명·청 시기에 이주해 온 본성인은 대략 70% 정도이고, 1945년 이후 국민당 정부와 함께 이주해 온 외성인은 14% 정도를 차지한다.

다음은 객가인으로 외성인과 비슷하게 전체의 14%를 차지한다. 객가인이란 혈통적으로는 한족이지만, 전란과 재해 등을 피해 중원을 벗어나 중국 대륙의 남부인 푸젠(福建), 장시(江西), 광둥(廣東) 등지에 모여 살며, 외부인과의 접촉을 최소화한 채 자신들만의 고유한 언어와 문화를 지키며 사는 사람들을 말한다.

객가인 중에는 유명한 사람도 많은데, 중국 대륙과 대만에서 모두 국부로 여기는 쑨원, 중화인민공화국의 개혁개방을 주도한 덩샤오핑(鄧小平), 대만의 총통을 역임한 리덩후이(李登輝), 싱가포르의 국부 리콴유, 태국의 총리 남매 탁신·잉락 친나왓 등이 모두 객가인이라고 전해진다.

그리고 소수이지만 고대부터 대만 섬에 가장 오랫동안 살아온 16개 종족의 원주민이 2% 정도다.

대만에는 한족, 객가인, 원주민이 함께 살고 있었기 때문에 '대만 사람'이라고 하면 한족, 객가인, 원주민 등을 모두 포함한다.

현재의 '대만'이라는 명칭은 언제부터 이 섬을 지칭하게 되었을까?

'대만(臺灣, Taiwan)'이라는 말은 원주민의 언어에서 유래했다고 한다. 현재의 타이난시 안핑구 일대에 네덜란드인이 질랜디아 요새(현재의 안핑구바오)를 구축하여 정착하였는데, 당시 그 지역의 원주민이 부르던 지명을 음차하여 'Taiwan'이라고 불렀으며, 이후 'Taiwan'이 섬 전체를 아우르는 이름으로 확대되었다는 것이다.

그리고 대항해 시대였던 16세기, 포르투갈 사람들이 대만을 '아름다운 섬(Ilha Formosa)'이라고 지칭한 후 유럽인들에게 대만은 오랜 기간 'Formosa'라고 불려 왔다.

17세기 초 네덜란드인들은 무역 거점을 확보하기 위해 대만의 서남부지역을 점령하여 1624년부터 38년간 통치하였다. 네덜란드인들은 점차 세력을 넓혀 나갔으나 섬 전체를 지배하진 못했다. 그들은 원주민들을 토벌하며 세력을 넓혔으며, 명나라 유민을 많이 받아들여 토지를 개간하고 농업을 장려함으로써 쌀과 사탕수수의 무역에서 큰 이익을 차지하였다.

1626년에는 스페인이 대만을 점령하려고 나섰다. 스페인은 대만의 동북부 싼댜오자오(三貂角)와 허핑(和平) 섬을 점령한 후 대만 섬 북쪽 끄트머리이자 타이베이로 진입하는 입구인 단수이강에 훙마오청(紅毛城)을 지어 요새를 구축하였다. 이로써 대만 섬 북쪽은 스페인, 대만 섬 남쪽은 네덜란드가 각각 지배하는 상황이 벌어졌다.

그러다가 17세기 중반에 이르러 스페인 본국의 국력이 쇠하기 시작하면서 결국 1642년에는 네덜란드에 의해 스페인은 대만에서 완전히 쫓겨났다.

단수이 훙마오청

대만이 네덜란드의 지배를 받고 있던 1644년, 중국 대륙에서는 명나라가 이자성(李自成)의 난에 의해 멸망하고, 1645년, 명 태조의 후손인 주율건(朱聿鍵)이 현재의 푸젠 성에서 남명(南明)의 제2대 황제인 융무제(隆武帝)로 등극하며 청나라에 저항하고 있었다.

당시 해상권을 주름잡던 해적 출신인 남명의 신하 정지룡과 그의 일본인 연인 다가와 마쓰 사이에서 태어난 정성공은 아버지의 세력을 물려받아 끝까지 청나라를 타도하고자 현재의 샤먼과 진먼 섬을 거점으로 청나라에 대항하였다.

정성공은 청나라 타도에는 실패했지만, 대신 대만 섬을 공격하여 1662년에 네덜란드를 내쫓고 대만 최초의 한족 왕조를 건설하였다. 정씨 왕조는 네덜란드가 이미 구축해놓았던 타이난의 질랜디아 요새를 수도로 삼아 대만을 통치하였다.

그러나 정씨 왕조는 정성공의 손자 대에 이르러 왕위 계승 갈등이 격화되면서 지배 체제가 약화되었다. 게다가 안으로는 1682년 한족의 개간으로 인해 생활 터전을 잃은 원주민의 폭동이 일어났으며, 밖으로는 1683년 청나라의 공격

정성공 석상 (출처: https://www.flickr.com)

으로 대만 서부의 펑후(澎湖) 섬이 점령되었다.

이로써 22년간 이어졌던 대만의 정씨 왕조는 멸망하게 되었다. 이후 대만 섬은 청나라 영토로 편입되었다.

청나라는 1683년부터 212년 동안 대만을 통치하였는데, 그 당시 대륙에서 만주족의 지배를 받던 한족 중 일부가 자신의 원래 삶의 터전을 버리고 섬으로 이주하였다.

그들은 생계를 위한 토지 개간 등을 이유로 원래 있던 원주민들과 갈등이 잦았고, 청나라 정부는 기존의 정착민들을 수탈하는 방식으로 통치했다. 따라서 원주민들의 청나라 정부와 이주 한족에 대한 감정은 나쁠 수밖에 없었다.
그러다가 1840년 아편전쟁 이후 청나라가 열강에 의해 개방되면서 대만에서도 1860년에 단수이, 안핑 두 항구가 영국, 미국, 프랑스, 러시아 4개국에 개방되었다.

그후 1894년에 한반도에서 벌어졌던 청·일전쟁에서 패배한 청나라는 시모노세키 조약에 의해 1895년 4월부터 대만의 지배권을 일본에 빼앗기게 되었고, 대만은 일본 제국주의의 첫 식민지가 되었다.

일제는 중일 전쟁, 태평양 전쟁을 연달아 일으키면서 대만에 '내대일여(內臺一如, 일본 본토와 대만은 하나와 같다)'

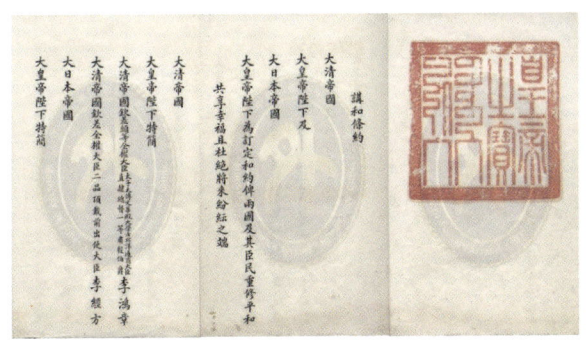

〈시모노세키 조약문〉 (출처 : 위키미디어)

라는 구호를 내세워 황국 신민화 교육을 강요하였다. 그리고 일제는 대만을 태평양 전쟁을 위한 병참기지로 활용하기 위해 전기를 놓고 철도와 항만 등을 건설하였다.

1945년 일본의 무조건 항복으로, 대만도 약 50년 동안의 식민 지배에서 벗어나게 된다. 일본이 대만을 연합국에 양도한 후, 국민당은 정부군을 파견하여 인수 작업을 시행하였지만, 공산당과의 내전에서 밀린 국민당은 1949년 5월 20일, 대만에 계엄령을 선포하고 국민당군을 대만에 진주시켰다.

그리고 1949년 말, 국공내전에서의 패배로 국민당 정부와 함께 약 200만의 한족, 즉 외성인이 대만으로 이주하였다. 이후 외성인으로 구성된 국민당 정부가 대만 섬을 비민주적으로 통치하자 외성인과 본성인의 갈등은 나날이 쌓여갔다.

1949년에 시작된 계엄령은 무려 40여 년이나 이어져 대만 섬에서는 1987년에 해제되었고, 중국 대륙과 가까운 마주 열도 및 진먼 섬에서는 1992년에야 해제되었다.

게다가 1949년 당시 대만에 살던 기존 한족은 타이위 혹은

⟨1896년 대만 지도⟩ (출처 : 위키미디어)

민난위라고 불리는 대만 지역 방언을 주로 사용하였고, 객가인은 객가어, 원주민은 각각의 원주민 언어를 사용하고 있었다. 더 나아가 일제 강점기 당시 황국신민 교육을 받았던 대만 사람들은 일본어를 모국어처럼 구사하였다. 그런데 중국 대륙에서 넘어온 사람들이 공식 언어로 표준중국어를 가르치기 시작하면서 새로운 언어문화까지 강요당하는 상황이 발생하기도 하였다.

1971년 미·중 수교의 결과로 대만은 유엔에서 퇴출당하는

현재도 대만 총통 집무실로 사용되는 대만 총독부
(출처 : 위키미디어)

상황에 놓이게 되었다. 그리고 '하나의 중국'이라는 중국의 원칙에 따라, 중국과 수교한 나라는 대만과 단교해야 했다. 또한 중국은 대만의 독립 주장에 대해 절대 불가 정책을 고수하고 있으며, 심지어 '전쟁'을 공공연히 언급하고 있다. 이런 상황에서 대만은 일본, 미국과의 공조를 통해 국가 안보를 지켜야 하는 것이 최우선 외교 과제가 되었다. 따라서 대만 정치인들은 일본에 대한 거부감을 공개적으로 표현하지 않는다.

대만에는 고대로부터 살던 원주민, 명·청 시기 이래로 살던 한족, 20세기 중반에 이주한 한족, 그리고 객가인에 이르기까지 모두 그들만의 역사와 문화가 있다. 그리고 그들은 대만이라는 공간에서 350년이 넘는 기간 동안 다른 나라들과 다른 민족들에게 식민 지배를 받아온 역사가 있다. 따라서 대만이 일본에 대해 우호적인 것도 자신의 이익을 위해 최선을 다하고 있는 것으로 이해해야 한다.

## 대만의
## 1등 기업
**'TSMC'**

"반도체를 얻는 자가 세계를 얻는다."

"반도체 기술을 누가 쥐느냐가 산업의 경쟁력뿐만 아니라 군사력까지 좌우한다."

"반도체는 경제와 국가 안보, 기술 주도권의 핵심이다."

'TSMC'는 'Taiwan Semiconductor Manufacturing

Company'의 약자로 이름 그대로 '반도체 제조 회사'다. 이 기업은 고객사로부터 설계도를 받아 위탁 생산하는 세계 최대 규모의 파운드리(위탁 생산) 회사로, 대만을 먹여 살리는 회사라고 해도 과언이 아니다. 그래서 대만 사람들은 TSMC를 '호국신산(護國神山)', 즉 '대만을 지키는 신령스러운 산'이라고 한다.

TSMC를 세계적인 반도체 제조사로 키운 사람은 창업자 모리스 창이다. 1931년 중국 저장성에서 태어난 그는 18세 때 미국으로 건너가 하버드 대학에 입학하였다가 다시 MIT(매사추세츠 공과대학)로 편입하여 기계공학 학사 및

TSMC 본사 사옥

석사 학위를 받았다.

그 후 그는 27세에 텍사스 인스트루먼츠(TI)에 미국 IT업계 최초의 중국계 직원으로 입사하여 반도체 부문 부사장 및 그룹 전체 부사장까지 역임하였다.

그는 미국의 IT 기업들이 인건비 때문에 반도체 칩을 설계만 하고 직접 제조 공장은 지으려 하지 않는다는 점을 간파하고, 대만으로 건너가 경쟁사에 기술 유출 걱정 없이 일을 맡길 수 있는 파운드리 공장을 지을 구상을 했다.

당시 대만 정부도 반도체가 '산업의 쌀'로 불리며 막대한 수익을 올리는 것에 주목하고, 반도체 시장에 진입해야 한다는 필요성을 인식하고 있었다. 그러나 대만은 중소기업 중심의 경제구조라 거대한 설비투자를 감당할만한 대기업도 없었고, 미국과 일본 기업들이 이미 마이크로프로세서와 메모리 반도체 시장을 공고하게 장악하고 있어서 반도체 시장에 진출하는 것이 쉽지 않은 상황이었다. 그럼에도 모리스 창은 1987년 2월 21일에 TSMC를 설립했다.

1970년대 이후 중국의 부상으로 전 세계 대부분의 국가들과 단교할 수밖에 없었던 대만이 TSMC 덕분에 2010년대부터 다시금 세계의 주목을 받으면서 국가의 위상이 매우 높아졌고, 이에 따라 국민 소득도 많이 올랐다.

TSMC의 위상은 현재 한국의 삼성, LG 이상이다. TSMC의 반도체는 세계 시장점유율 1위다. 이름만 들어도 알만한 비메모리 반도체 회사의 칩에 'Taiwan'이 찍혀있다면 TSMC가 만든 것이라고 보면 된다.

그렇다면 TSMC는 어떻게 세계적인 반도체 회사가 될 수 있었을까?

핵심적인 이유를 두 가지로 요약할 수 있다.

첫째, 인력풀의 확보를 꼽을 수 있다. IT 산업의 발전과 함

TSMC 사옥 야경

께 반도체 산업이 지속적으로 성장하면서 고급 인력이 많이 필요했다. TSMC는 상대적으로 높은 연봉을 지급했던 덕에 고급 인력을 흡수할 수 있었다. 석사, 박사 과정 학생이 TSMC에 지원서를 내면 고액 연봉과 더불어 자사 주식까지 주는 스톡옵션도 적극 활용하여 고급 인재를 끌어들였다.

둘째, 고객에 대한 무한 신뢰다. TSMC가 추구하는 가치는 바로 고객의 성공을 통해서 성장하겠다는 것이다.

세계 1위 TSMC는 절대로 자체 개발을 하지 않고 파운드리로서만 회사를 운영하겠다는 원칙을 고수했기 때문에 경쟁사들에 비해 실질적 우위를 점하고 있다.

실제로 TSMC는 수십 년간 자체 제품 개발을 시도조차 하지 않음으로써 TSMC는 결코 경쟁사가 되지 않을 것이라는 신뢰를 확고히 다져놓았다. 그래서 TSMC에게 설계도를 넘겨도 기술 유출에 대한 걱정이 없기 때문에 많은 기업이 TSMC에 발주하는 것을 선호하게 되었다.

2022년 8월 미국 권력 서열 3위인 펠로시 전 하원의장이 대만 방문에 이어 우리나라에 온 이유도 반도체 패권 경쟁

에서 우위를 차지하고자 하는 정략적 목표가 아닌지 의구심을 갖는 사람도 많다. 낸시 펠로시가 중국의 군사적 위협 등 거센 반발에도 불구하고 굳이 대만을 방문한 목적에는 대만과 반도체 동맹을 강화하려는 의도도 포함되어 있다고 볼 수 있다.

TSMC 현 회장인 류더인은 CNN 인터뷰에서 이렇게 말하였다.

"중국에 겁먹지 않는다."

"한국과 미국, 미국과 일본의 반도체 협력, 대만에 위협이 아니다."

"중국이 대만을 침공할 경우 세계질서가 파괴될 것이다."

그는 TSMC는 무력에 의해 통제할 수 있는 대상이 아니라고 잘라 말했다. 중국이 대만을 공격하면 TSMC는 '가동 불능' 상태가 될 것이고, 이에 따라 세계 경제도 추락할 것이라는 경고인 것이다.

류더인 회장이 이렇게 당찬 발언을 할 수 있는 자신감은 TSMC가 세계 반도체 산업에서 갖는 위상에서 나왔다고 볼 수 있다. 이는 기업의 경쟁력이 국제 관계에서 얼마나 큰 영향력을 발휘할 수 있는지를 잘 보여주고 있다.

조 바이든 미국 전 대통령
"못이 없으면 편자를 잃고, 편자가 없으면 말을 잃고, 결국 왕국까지 잃게 된다. 편자를 박는 못이 바로 반도체다."

시진핑 중국 주석
"반도체는 중국의 심장이다."

기시다 후미오 일본 전 총리
"반도체는 일본 경제 안보의 핵심이다."

차이잉원 대만 전 총통
"반도체는 대만 안보의 보장판이다."

우르줄라 폰데어라이엔 EU 집행위원장
"반도체는 국제기술 경쟁의 중심이다."

이 모두가 반도체의 중요성을 강조한 말이다. 인류가 만들어 낸, 세상에서 가장 작은 발명품이 반도체다. 최첨단 반도체는 4차 산업혁명의 속도와 정확도를 결정하는 핵심이다. 반도체는 인체의 심장과도 같다.
그래서 사람들은 반도체를 "미래 산업의 쌀이자 최종 병기"라고 부른다.

## 우리나라에는 왜 대만 대사관이 없을까?

중화민국은 청나라 멸망 이후 건립된 아시아 최초의 공화국이다. 쑨원과 장제스의 중화민국은 대한민국 임시정부의 독립운동을 물심양면으로 지원해 주었다. 이러한 특별한 관계를 지닌 대만은 1948년 대한민국 정부 수립 이후 최초의 수교국이 되었다.

1953년 장제스는 대한민국의 건국에 공로가 매우 큰 인물에게 수여하는 건국훈장 중에서 가장 높은 등급인 대한민국장을 받기도 했다.

1949년 국공내전에서 공산당에게 패배한 국민당 정부는 대만 섬으로 옮겨 갔고, 대륙에는 공산당의 중국(중화인민공화국)이 세워져 한 지붕 두 가족으로 분리되었다. 국민당 정부는 본토 수복을 정치 구호로 삼고, 반공·친미 외교 정책을 추진하였다.

주한국타이베이대표부
(서울특별시 종로구 세종대로 광화문빌딩 6층)

구 국민당 한국지부 〈삼민주의대동맹〉 (현재 카페가 입점)

대만은 우리나라에서 6·25전쟁이 일어나자 유엔군 파견을 적극적으로 지지해 주기도 했다. 국제 정치에서 대만과 우리나라와의 가장 큰 공통점은 반공 이데올로기를 굳건히 견지하였다는 것이다.

우리나라와 대만은 1952년 항공 협정, 1961년 무역 협정, 1965년 문화 협정을 체결하여 그 관계를 긴밀히 유지하였다.

그러나 1971년 미국과 서유럽 국가들의 대외정책 변화와 제3세계 국가들의 지지로 중화인민공화국의 유엔 가입이 확실시되자, 대만은 유엔에서 스스로 탈퇴하였다.

중국은 자신과 수교하려는 국가들에게 '하나의 중국' 원칙에 따라 "대만을 국가로서 승인하거나 수교하면 절대 안 된다."라는 조건을 내걸었다.

1972년 일본은 중국의 요구에 따라 대만과의 외교관계를 단절하였으며, 1979년에는 미국도 중국과 수교를 하면서 대만과 단절하였다.

1992년 7월말까지 아시아에서는 한국만이 유일하게 수교를 유지하여 왔지만, 1992년 8월 24일 우리나라가 중국과 국교를 수립함에 따라 대만과 한국과의 수교도 단절되고 말았다. 그러나 이듬해에 그동안의 경제적·국제정치적 공

대만 건국 111년 기념(2022년 10월, 서울)

| 연도 | 우리나라와 대만과의 관계 |
|---|---|
| 1948 | 대한민국의 최초 수교국가 |
| 1950 | 6·25전쟁, UN안보리 대만의 유엔군 파병 승인 |
| 1952 | 항공협정 |
| 1961 | 무역협정 |
| 1965 | 문화협정 |
| 1992 | 한중 수교로 대만과 단교 |
| 1993 | 상호 대표부 설치(서울, 타이베이) |
| 2005 | 사무소 설치(부산) |

통점과 지정학적 관계의 중요성을 공동 인식하여 '민간 차원의 교류'임을 강조하기 위하여 정식 대사관이나 영사관이 아닌 대표부를 설치하여 교류하기 시작하였다. 서울과 타이베이에 '주한국타이베이대표부'와 '주타이베이한국대표부'를 두어, 영사 업무를 비롯한 경제·홍보·문화·학술 분야의 협력 관계를 회복하였다.

이는 사실상 대사관과 동등한 기능을 하는 외교공관이며, 2005년 초 추가로 부산에 설치한 대표부사무소는 총영사관의 역할을 수행하고 있다. 비록 공식적인 수교는 단절되었지만 두 나라는 상호 대표부를 설치함으로써 여전히 실질적인 교류를 지속하고 있다.

대만이 현재 수교 중인 나라는 모두 12개국이다.

그중 대륙의 중화민국 시기에 수교한 후 현재까지 외교 관계를 이어오고 있는 나라는 과테말라(1933)와 바티칸(1942) 2개국뿐이다. 특히 대만은 바티칸과의 관계를 가장 소중히 여기는데, 이는 바티칸이 면적으로는 세계에서 가장 작은 나라이지만, 가톨릭의 본산이며 유럽에서의 유일한 공식 수교국이기 때문이다. 나머지 10개의 나라들은 대부분 중남미, 카리브해, 남태평양 지역에 있는 작은 나라들로서 국토와 인구 규모가 작아서 국제 사회에서의 영향력

한성화교협회

이 상대적으로 미미하다.

이들 나라와 국교를 유지하는 대가로 대만은 '당근'을 제시하고 있다. 돈을 실탄으로 사용한다고 하여 은탄외교(銀彈外交)라고도 한다. 지원에 비해 결과는 만족스럽지 않을 수 있지만, 외교적 고립을 겪고 있는 대만의 입장에서는 소중한 나라들이다.

대만은 비록 외교적으로는 고립되어 있어도 결코 만만한 나라가 아니다. 미국 등 서방 국가들은 비수교국 가운데에서 대만을 최고로 우대하고 있으며 세계 20위권의 경제력을 가지고 있는, 실질적이고 명실상부한 동아시아의 주요 국가다. 특히 대만은 전략적 중요성이 매우 높은데, 그 이유를 네 가지로 요약할 수 있다.

첫째, 지정학적 중요성이다. 지리적으로 동북아시아와 동남아시아의 경계에 위치하고 있어 해상 교통로의 중심지이자 미국의 태평양 안보에 대단히 중요한 지리적 요충지다.

둘째, '민주국가'로서의 중요성이다. 서방세계와 민주주의 가치를 공유함과 동시에 시장 경제 체제와 자유무역을 실시한다.

셋째, 동아시아의 안정과 안보에 대한 미국의 공약을 평가할 수 있는 시험대다. 비록 미국과는 비수교국이지만, 만약 미국이 대만의 안보 위기를 효과적으로 관리할 수 없다면, 미국의 안보 공약에 대한 신뢰가 무너지게 된다.

넷째, 경제적 이유이다. 대만 반도체의 90% 이상이 미국으로 수출된다. 코로나19 사태 이후 반도체 수급에 위기를 느낀 미국 입장에서 대만은 매우 중요한 교역 대상이다. 미국과 중국의 전략적 경쟁이 심화하고 있는 현시점에서 미국은 동맹국과 우호국에 확신을 줘야 하며, 동시에 미국과 대만 간의 경제적 협력이 중국의 이익에 위협이 되지 않는다고 중국을 설득해야 하는 상황이다.

## 대만은 왜 올림픽 때 국기와 국가를 사용하지 못할까?

올림픽은 세계인의 스포츠 축제이다.

축제의 시작인 올림픽 개막식은 전 세계인의 관심과 이목이 집중된다. 특히 올림픽 발상지인 그리스의 입장으로 시작되는 각 나라의 입장식 장면은 온 세계 사람들이 제일 기다리는 시간이다.

그런데 올림픽 개막식을 보면 특이한 점이 있다.

대만을 비롯한 몇몇 나라는 올림픽에서 자신의 국기와 국가를 사용하지 못한다. 왜 대만은 자신의 국기와 국가를 세계의 축제에서 사용하지 못하는 것일까?

그 해답은 "누가 중국을 대표하는가?"라는 질문에서 찾을 수 있다. 신해혁명으로 청나라가 무너지고 1912년 1월 1일 중화민국이 탄생하였다. 새로운 나라가 세워졌지만 일본, 독일 등 세계 열강의 침략과 군벌 정치 세력 간의 갈등으로 인하여 중화민국은 혼란의 연속이었다.

1919년 국민당의 창당과 1921년 공산당의 등장으로 중화민국은 국민당과 공산당이 대립하게 된다.

공산당에 패한 국민당은 1949년 대만 섬으로 건너가 중화민국 정부를 계승한다. 같은 해 중국 대륙에서는 공산당이

청천백일만지홍기(青天白日滿地紅旗)

중화인민공화국의 탄생을 선포한다.

대만과 중국 중에서 누가 중국을 대표하는지를 두고 처음 부딪힌 것은 1952년 핀란드 헬싱키 올림픽이었다.

대만과 중국이 모두 '중국'이란 이름으로 참가를 원했지만, IOC위원회는 대만과 중국에게 단일팀 '중국'으로 참가를 요청했다. 그러나 대만은 이를 거절하고 경기 참가를 거부한 후 1958년 IOC에서 탈퇴하였고, 중국 역시 이후 올림픽에 참가하지 않았다.

냉전 시기에 세상과 단절되었던 중국은 1971년부터 핑퐁외교와 미국 닉슨 대통령의 중국 방문 등으로 미국과의 관계가 개선되면서 국제무대에 다시 등장하였다.

1971년 중국이 유엔에 가입하고 상임이사국으로 선출되자 대만은 유엔에서 탈퇴하였다. 이때부터 중국은 국제사회에서 큰 힘으로 떠오르기 시작하였고, 대만의 입지는 점점 좁아지게 되었다.

중국은 정통성을 잇는 나라는 자신들이라 주장하며, 다른 나라에게 중국과 수교를 하려면 대만과 단교할 것을 요구하였다. 또한, 중국은 하나의 중국을 외치며 대만을 중국

≪中華奧林匹克委員會會歌 **중화올림픽위원회회가**≫

올림픽 매화기

奧林匹克, 奧林匹克, 無分宗教, 不論種族。
올림픽, 올림픽, 종교와 인종을 뛰어넘고

為促進友誼, 為世界和平, 五洲青年, 聚會奧運。
우정을 위해, 세계 평화를 위해, 세계의 젊은이들이 올림픽에 모였다.

公平競賽, 創造新紀錄, 得勝勿驕, 失敗亦毋餒。
공정하게 경쟁하고 새로운 기록을 세우며, 승리에 오만 말고, 실패에 실망 말자.

努力向前, 更快更遠, 奧林匹克永光輝。
더 빨리 더 멀리 나아가기 위해 노력하자, 올림픽은 언제나 빛난다.

努力向前, 更快更強, 奧林匹克永光輝。
더 빨리 더 강하게 나아가기 위해 노력하자, 올림픽은 언제나 빛난다.

2022 베이징 동계올림픽 개막식에서
대만 입장 모습(출처 : 위키미디어)

의 23번째 성(省)으로 간주하고, 독립된 나라가 아니라고 주장하고 있다.

결국 대만은 점차 국제 사회에서 독립된 나라로 인정받지 못하게 되었고, 1976년 몬트리올 올림픽에서는 '중화민국'과 '대만'이란 이름까지 쓰지 못하게 되었다.

당시 캐나다 정부가 중국의 주장을 받아들여 대만 측에 중화민국이라는 나라 이름과 국기, 국가 사용을 금지하였다. 이에 대만 측은 몬트리올 올림픽에 참가했던 선수단을 전원 철수시키며 강력하게 항의했다.

대만은 1981년 다시 IOC에 가입하였지만 중화민국이라는 이름과 국기 및 국가를 국제스포츠 무대에서 쓸 수 없게 되었다.

1984년 사라예보 동계 올림픽부터 대만은 중화민국 대신 '차이니스 타이베이(Chinese Taipei)'라는 명칭을, 중화민국 국기 대신 대만올림픽위원회기인 매화기를 사용하여 올림픽에 참가하고 있다. 또한 대만 선수가 금메달을 땄을 때 연주되는 국가도 대만의 국가 대신 중화올림픽위원회회가가 연주된다.

이러한 이유 때문에 2020 도쿄 올림픽 배드민턴 종목에서 첫 금메달을 목에 건 리양, 왕치린 선수는 시상식에서 중화올림픽회가를 들으며 매화기가 올라가는 것을 보아야 했다.

2020 도쿄올림픽 배드민턴 남자복식 금메달리스트
대만의 리양, 왕치린 선수

## 장중정, 미스터 민주주의, 매운 맛 여동생

"미국 의회 대표단의 대만 방문은 대만의 활기찬 민주주의에 대한 미국의 변함없는 약속을 확인한다."

2022년 8월 2일, 미국의 당시 하원의장이었던 낸시 펠로시는 대만을 방문하여 대만의 자유와 민주주의를 적극 지지한다고 밝혔다.

대만은 2021년 영국의 이코노미스트 산하 EIU에서 발표한 민주주의 지수 발표에서 세계 8위에 선정되며 아시아 1위에 등극하였다.

그러나 대만에 민주주의가 자리 잡은 지 불과 30년 정도밖에 되지 않았다는 사실이 놀랍지 않은가?

독재의 시대를 청산하고 자리 잡은 대만의 민주주의, 그 파란만장한 역사를 대만 정치를 대표하는 두 개의 큰 정당인 '국민당'과 '민주진보당', 그리고 대만의 지도자들을 통해 살펴보자.

국민당은 중국 혁명의 아버지로 불리는 쑨원이 조직한 단체였던 중화혁명당의 이름을 1919년 10월 10일 개칭하며 시작되었다. 1928년부터 약 20년간 중국 대륙을 통치해왔던 국민당은 1949년 국공내전 패배로 대만으로 정부를 옮긴 때부터 2000년까지 대만의 집권 여당이었다.

이 시기는 실질적으로 국민당의 일당독재였다. 국민당의 당기는 '청천백일기(青天白日旗)'로 대만 국기와 매우 흡사하다. 1946년 헌법이 제정될 당시 '중화민족의 국기는 붉은 바탕으로 하고, 왼쪽 위 모서리에 청천백일기를 둔

대만 국기와 국민당 당기

다.'고 명시하였다.

국민당에 대해 이야기할 때 빼놓을 수 없는 사람이 바로 장제스이다. 그는 대만의 1대 총통으로, 가장 오랫동안 집권하였다. 우리에게는 '장제스', 혹은 '장개석'으로 잘 알려져 있지만 원래 이름은 '장중정(蔣中正)'이다. 대만의 중정기념관이 바로 장제스의 원래 이름을 따서 만든 것이다. 1924년 장제스는 국민당 당군을 양성하는 황푸(黃浦)군관학교의 교장에 취임함으로써 입지를 다졌고, 1925년 쑨원이 사망한 후 국민당 내의 경쟁자들을 제치며 두각을 나타냈다.

이후 북벌에 성공하여 분열된 중국을 통일한 후 1928년 국민당 정부의 주석으로 취임하여 8년에 걸친 중일전쟁을 승리로 이끌었다.

당시 중화민국은 제2차 세계대전의 승전국이자 연합국의 UN 안전보장이사회 상임이사국으로서 인정받았으며, 장제스는 전후 처리를 위해 카이로회담에 참여하기도 했다.

그러나 중화민국은 나라만 존재했지 이 시기까지도 제대로 된 헌법이 제정되지 못했는데, 일본이 패망한 후 어느 정도 안정이 된 1946년에야 제헌 국민대회를 소집하였다. 1946년 12월 25일에 헌법 초안을 제정했고 이듬해인 1947년 12월 25일에 시행하였다. 이것을 기초로 1948년 4월 국민대회가 소집되었고 총통 선거를 치르며 국민당 정부가 아닌 중화민국으로의 본격적인 시작을 알렸다.

그러나 이 시기에 '동원감란시기 임시조관'이라는 중화민국 헌법의 임시조항이 제정되었다. 이것은 '공산당의 반란을 토벌하는 시기의 임시법'이라는 의미로 총통의 연임과 권한을 강화하는 내용으로 채워졌다. 이 임시조항은 1991

년 폐지될 때까지 국민당의 독재를 정당화하는 수단으로 이용되었다.

국민당 정부는 중일전쟁의 여파로 경제 상황이 악화되고 부정부패가 만연하면서 민심을 잃어 통치하고 있던 대부분의 지역을 공산당에게 뺏기고 만다. 결국 장제스가 이끄는 국민당 정부는 국공내전에서 패해 1949년 12월 대만으로 정부를 옮길 수밖에 없었다.

이후 간접선거로 뽑는 총통 선출 방식은 '총통 종신제'라는 독재의 씨앗이 되었고, 장제스는 1975년 사망할 때까지 총통이었다.

이 당시의 대만은 일당 체제로 보이지만 국민당 이외에도 다른 두 개의 정당이 존재했다.

헌법이 제정될 당시 '3당 훈정'이라고 하여 국민당 이외에 청년당과 민주사회당으로 구성된 3당의 연립 내각을 구성하였고, 이 정당들도 초기에는 선거에서 총통 후보를 내기도 하였다.

그러나 대만으로 이주한 후 실질적인 기반이 없는 두 정당은 국민당에 기댈 수밖에 없었고, 민주화 시기 이전까지 이

세 정당 이외의 다른 정당은 창당조차 금지되었다.

1975년 장제스 사망 후 부총통인 옌자간(嚴家淦)이 잠시 총통의 자리를 이었으나 1978년 장제스의 아들인 장징궈가 총통에 취임하였다. 이 시기의 가장 큰 문제는 대륙에서 이주해 온 '외성인'에 비해 대만에 원래 살던 '본성인'이 정치적으로 차별받고 있다는 것이었다.

장징궈는 이 문제를 해결하고자 많은 본성인들을 국민당에 영입하며 변화를 꾀한다. 이런 변화로 다음 총통인 '리덩후이'와 같은 본성인 인사들도 국민당에서 입지를 다질 수 있었다.

대외적으로는 중국이 부상하며 대만의 입지가 좁아지는 상황에서 변화와 혁신을 요구하는 목소리는 커져만 갔고, 대내적으로는 민주화 요구가 높아졌다. 마침내 1986년 현 집권 정당인 '민주진보당'이 창당되면서 대만의 정치에 새로운 바람이 불기 시작했다.

이들은 대만 최초의 실질적인 '야당'으로서 계엄령 해제를 강력히 요구했으며 총통 직선제, 대만독립을 주장하였다. 이들의 노력에 힘입어 1987년 7월, 38년 동안 이어졌던 계엄령이 해제되었고 대만은 민주주의에 한발 더 다가설 수 있게 되었다.

1988년 장징궈 총통 사망 2년 뒤 총통으로 당선된 인물이 바로 대만 '민주주의의 아버지', '미스터 민주주의'로 불리는, 본성인 출신의 '리덩후이'다.

그는 국민당 소속이었지만 민주진보당의 정책을 적극적으로 수용하며 민주화를 위해 앞장섰다.

1991년 '동원감란시기 임시조관' 폐지를 시작으로 1994년에는 주요 도시의 수장인 타이완 성장, 타이베이 시장, 가오슝 시장을 지역 주민의 선거를 통한 선출직으로 바꾸

대만 8대, 9대 총통 리덩후이

었고, 총통 간선제를 직선제로 개헌하였다. 총통의 임기도 6년에서 4년으로 줄이고, 1회만 연임 가능하게 하여 민주주의의 꽃인 선거가 대만에서 뿌리내릴 수 있도록 기틀을 잡았다.

그리고 계엄령 공포의 계기가 된 2.28 사건에 대해 지도자로서 처음으로 사과하고 책임을 인정하며 국민당의 과거사를 반성하는 모습으로 대만 국민들의 상처를 치유하려고 노력했다.

6년의 집권 이후 리덩후이는 대만 사상 첫 직선제 총통으로 다시 당선되며 민주적인 정치의 시작을 알렸다.

그리고 마침내 2000년에 치러진 총통 선거에서는 민주진보당의 천수이볜이 당선되며 60년에 걸친 국민당의 독재도 막을 내렸다.

당시의 투표율은 82.6%(역대 투표율 1위)에 달했는데, 대만 국민들의 민주주의와 정권교체에 대한 열망이 얼마나 컸는지를 잘 보여준다.

민주진보당이 국민당과 가장 다른 정치적 입장은 대만 독립에 관한 시각의 차이다. 국민당은 대만과 중화인민공화

민주진보당 당기

국이 같은 핏줄이니 통일을 이루어야 한다는 입장이지만 민주진보당은 대만과 중화인민공화국은 별개라는 입장이다. 선거철이 될 때마다 이 입장의 차이는 선거에 이용되어 집권당을 바꿀 수 있을 정도의 위력을 가진다.

대만에 어느 정당이 집권하느냐에 따라 대만의 대중국 정책이 바뀌고 중국과의 관계, 더 나아가서는 미중관계에도 영향을 미치기 때문에 대만의 선거는 세계적으로도 매우 관심이 높다.

실제로 국민당이 집권할 때는 중국과의 관계가 우호적으로 변해 교류가 늘어나지만, 민주진보당이 집권할 때는 전쟁이 곧 일어날 것과 같은 위기감이 고조되기도 한다.

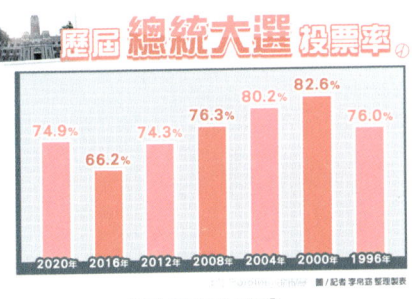

역대 총통선거 투표율

최근에 치러진 대만 총통 선거는 극적인 반전으로 유명하다. 2014년에 홍콩의 우산혁명 발생 이후, 당시 집권당인 국민당의 친중정책에 대한 대만인들의 반감이 높아졌고, 그 반사 효과로 2016년의 총통선거에서 민주진보당의 차이잉원이 당선되며 정권교체에 성공했다.

그러나 집권 초기부터 인사 문제가 불거져 나왔고 노동정책은 재계와 노동계의 반발을 불러일으켰을 뿐 아니라 그 결과마저 좋지 않았다. 또한 대만 독립을 지향하는 강경한 정책으로 중국의 경제 보복이 시작되어 경제적 타격을 받았고, 단교국이 늘어나는 총체적 난국에 지지율은 점점 떨어지고 말았다.

그 결과 2018년에 치러진 지방선거에서 총 22석 가운데 6석밖에 얻지 못하는 참패를 당했고, 차이잉원은 책임을 지고 민주진보당 주석직에서 사퇴하기까지 하였다. 이런 상황 속에 차이잉원이 연임에 성공할 것이라고 보는 시각은 극히 드물었다.

그러나 2019년에 발발한 홍콩의 '범죄인 인도법' 반대 시위와 그것을 강경 진압한다는 뉴스에 대만의 민심은 요동치기 시작했다. 일국양제의 원칙이 훼손되어 자유와 민주가 억압받는 홍콩의 현실이 대만의 미래가 될 수 있다는 불안감과 중국에 대한 반감은 대만 독립을 강력히 주장하는 민주진보당에게 힘을 실어주게 되었다.

2020 대만 총통 선거일 거리 인파

차이잉원 총통은 이 기회를 놓치지 않고 홍콩을 적극적으로 지지하는 발언으로 민심을 모았고, 그 결과 2020년 총통 선거에서 극적으로 연임에 성공하였다.

차이잉원 총통은 당선 후 "대만의 주권과 민주주의가 위협받을 때 대만인들은 결의를 더 크게 외칠 것이며 절대 위협에 굴복하지 않을 것"이라고 소감을 밝혀 이 선거의 의미가 민주주의 수호에 있다는 것을 다시금 강조하였다. 그녀는 외세에 굴하지 않고 강단 있게 정책을 펼쳐 '라타이메이(辣臺妹, 매운맛 대만 여동생)'라는 별명을 얻었다.

그 후 2024년 1월에 치뤄진 총통 선거에서 부총통이었던 라이칭더(賴清德)가 여당인 민주진보당의 후보로 출마, 당선됨으로써 대만 역사상 최초로 동일 정당 3연임에 성공하였다.

## 조선의 청년 조명하, 대만에서 대한독립을 외치다

타이베이 둥먼(東門)역 근처 용캉제(永康街)는 유명 맛집들이 모여 있는 미식 특구로 관광객들의 필수 코스다. 대만을 방문했던 한국인들이라면 딤섬이 유명한 딘타이펑, 망고빙수 가게 스무시, 진한 국물의 용캉 우육면 등의 맛집을 한 곳 이상 방문했을 것이다. 그곳에서 잠시 눈을 돌려보면 일제 강점기 타이베이 교도소 유적지가 보인다.

그 유적지는 현재 외벽만 남아 있지만, 한쪽 편에 있는 추모비 앞에서 태평양 전쟁 중 사망한 미군의 넋을 기리는 외국인들을 볼 수 있다.

하지만 이곳이 일본의 왕족을 처단하기 위해 목숨을 바친 우리나라 독립운동가 조명하가 순국한 곳이라는 것을 아는 사람은 많지 않다.

우리에게 잘 알려지지 않은 조명하 의사, 그는 왜 한국이나 일본이 아닌 대만에서 의거하였고, 왜 우리는 지금도 그 사실을 잘 모르고 있는 걸까?

조명하 의사는 1905년 황해도 송화군에서 출생하였다. 송화보통학교를 졸업한 후 군청 서기 임용 시험에 합격하여 안정된 생활을 하다가 일제에 대항하여 싸우려면 일본을 알아야 한다는 생각으로 젊은 부인과 갓 태어난 아들을 조

조명하 의사의 사진과 검거 당시 기사

선 땅에 남겨둔 채 일본 유학길에 오른다. 오사카에 도착한 그는 낮에는 일하며 생계를 유지하고, 밤에는 야간 학교에 다니면서 공부하였다. 조국 독립에 힘을 보태겠다고 결심한 후 상하이 대한민국 임시정부에 합류하기 위해 오사카에서 배를 탔다.

중국 상하이로 가는 중간 기착지였던 대만에 도착한 그는 우연히 신문을 통해 일본 육군 대장이자 일왕 히로히토의 장인인 왕족 구니노미야가 일본 군대를 격려하기 위해 대만 타이중을 방문한다는 소식을 접한다. 비록 그가 준비한 무기는 단도에 불과했지만, 대만인으로부터 칼을 다루는 기술을 습득한 후 홀로 연습하며 거사를 치를 그날을 기다렸다. 혹시 모를 사태에 대비하여 칼에는 독을 발라 준비하는 치밀함도 보였다.

1928년 5월 14일 당일 오전 9시 55분 타이중역 근처는 일본인 환영 인파로 가득했다. 조선의 청년 조명하는 찻집 종업원 복장을 하고 군중 속에 숨어 있다가 구니노미야를 태운 차가 커브를 돌기 위해 속도를 낮추는 순간 재빨리 뛰쳐나가 구니노미야가 탄 차에 올라 힘차게 칼을 빼들었다.

타이중
조명하 의사
의거지 기념비

칼은 구니노미야의 목을 스쳤고, 위험을 감지한 운전사가 속도를 높이자 조 의사는 차 밑으로 떨어진다.

다시 일어나 구니노미야의 심장을 향해 칼을 힘껏 던졌지만 아쉽게도 빗나가 운전기사에게 꽂혔다. 이듬해 1월 구니노미야는 온몸에 퍼진 독으로 사망한다.

조 의사는 현장에서 체포되면서 '대한민국 만세'를 크게 외치고, 의거 이유가 '대한을 위해 복수한 것'이라고 많은 군중 앞에서 당당히 소리치며 알린다.

이 사건은 대만을 안정적으로 통치하고 있다고 생각했던 일제에게 상당한 충격을 주었다. 일제는 한 달간 사건과 관련된 보도를 통제하고, 사건의 축소와 왜곡을 계획한다.

조 의사의 거사는 조선 및 대만 항일 운동에 불을 지필 수 있는 계기가 될 수 있기 때문이었다.

이 의거 이후 대만 총독은 경질되었고, 경찰서장은 사임했다. 한 달 후 신문에는 "모르핀 중독자, 조선인이라는 것이 고통스럽고 장래 희망도 없기에 자살하려고 결심하고 우발적으로 위해를 입혔다."라고 보도되었다.

고향에 남아있던 조 의사의 가족들은 수감되어 잔혹한 고문을 받았다. 일제는 배후 세력을 찾아내기 위해 갖은 방법을 동원하였지만 아무런 소득도 얻지 못했다.

결국 단독거사로, 조선 안에는 연루자가 없다는 결론을 내릴 수밖에 없었다. 타이베이 교도소로 이송된 조명하 의사는 타이베이 법원에서 '황족위해죄'로 사형선고를 받는다. 1928년 10월 10일 조명하 의사는 타이베이 교도소에서 순국하였으며 조 의사의 시신은 타이베이 교도소 북쪽 쪽문 밖에 있는 인근 묘지에 묻혔다.

꽃다운 나이 24살의 조명하 의사는 순국 직전 재판장에서 이런 말을 남겼다.

"나는 삼한의 원수를 갚았노라. 아무 할 말은 없다. 죽음의 이 순간을 나는 이미 오래전부터 각오하고 있었다. 다만 조국 광복을 못 본 채 죽는 것이 한스러울 뿐이다. 저 세상에 가서도 독립운동은 계속하리라."

우리는 왜 이 사실을 기억하지 못하는가?

조 의사는 자신의 행적을 일제가 알면 안 된다는 생각에 가족에게 보낸 편지도 읽고 나면 태우라고 하였다. 이런 까닭으로 그와 관련된 기록은 거의 찾아볼 수가 없다.

또한 거사 장소가 머나먼 대만이었다는 점, 순수하게 단독으로 치른 거사였기에 이를 입증하고 기려줄 동료나 조직이 없었다는 점 때문에 국내에서는 많이 알려지지 못했다. 게다가 대부분의 자료는 대만에 있었기 때문에 많은 연구가 이루어질 수 없었다.

1968년 조선일보 주필이 대만에 방문하였다가 우연히 기록을 발견하였고, 대만 교포들에 의해 의사의 행적이 다시 조명되었다. 교민들은 십시일반으로 기금을 모아 1978년 타이베이 한국학교 내에 조명하 의사의 동상을 건립하고 그 뜻을 기리기 시작했다.

대만 내 동상 건립 후 한국에서 '조명하 의사 기념사업회'

가 조직되었고, 유족들의 노력으로 1988년 5월 14일 의거 60주년을 기념해 드디어 서울대공원에 동상을 건립함으로써 한국 땅에서도 그를 만날 수 있게 되었다.

다행히 뒤늦게나마 의사의 활동이 우리에게 알려지게 되었고, 의거 90주년인 2018년에 유족들과 대만 교포들이 힘을 모아 타이중의 의거 현장에 기념비를 설치하였다. 또한 뜻있는 학자들과 관계자들이 모여서 '조명하 의사 연구회'를 만들고 학술대회를 열어 그 뜻을 기리고 있다.

현재 조의사의 유해는 국립 서울현충원 독립운동가 묘역에 안치되어 있다. 아쉬운 점은 한국인 관광객들이 많이 오가

서울대공원
조명하 의사
동상

국립현충원
독립운동가 묘역
조명하 의사의 묘지

는 타이베이 옛 교도소 순국지에는 아무런 표지가 없어서 지나치기 쉽다는 것이다. 우리가 조명하 의사를 기리는 마음을 모은다면 순국지에도 기념비가 세워질 수 있지 않을까 생각한다.

대만에 가면 동먼역 근처 타이베이 교도소 유적지를 찾아 조명하 의사를 기억하며 묵념해 보자. 조국 땅에 있는 아내와 어린 아들을 돌보지 못한 채 나라를 잃은 청년이 쓸쓸히 타지에서 순국했을 때의 마음을 우리가 잊지 않고 기억한다면 그분의 의거가 헛되지 않을 것이다.

교사들이 제안하는
대만 바로 알기

# 지금은 대만을 읽을 시간

제1판 3쇄 2025년 5월 7일

지은이　서울중국어교사회
펴낸이　심형철
펴낸곳　도서출판 민규
디자인　유장열
기획/편집　박계환
주　소　서울시 송파구 충민로 10, 8층 에스16-엘12호
이메일　mkbooks2020@naver.com

ISBN : 979-11-977427-4-3
값 16,000원

- 이 책은 저작권법에 따라 보호받는 저작물이므로, 저작자와 출판사 양측 의 허락 없이는 다른 곳에 옮겨 싣거나 베껴 쓸 수 없으며 전산 장치에 저장할 수 없습니다.
- 이 책에 쓴 사진은 해당 사진을 보유하고 있는 단체와 저작권자의 허락을 받아 게재한 것입니다.
- 저작권자를 찾지 못하여 게재 허락을 받지 못한 사진은 저작권자를 확인하는 대로 게재 허락을 받고 통상 기준에 따라 사용료를 지불하겠습니다.